JN089443

現場で役立つ保育実技

運動・ことば・音楽・造形あそびから
STEAM教育を取り入れた保育実践まで

岡野聡子 編著

ふくろう出版

はじめに

　本書は、保育者を目指す学生や保育者として働き始めた方のために、経験豊かな各専門分野の先生方が保育現場で取り入れてほしい実技を紹介する実践書です。

　保育実技とは、製作、絵画、絵本の読み聞かせ、素話、手遊び、パネルシアター、劇遊び、リズム遊び、運動遊び、弾き歌いなど多岐に渡り、子どもの思考力や表現力を伸ばすために用いられる保育技術のことです。保育者が数多くの保育実技のスキルを獲得すれば、子どもの興味関心の幅を広げ、ひいては思考力を鍛えることになるでしょう。子どもは好奇心が旺盛で、新しいことに対して何でも取り組んでみよう、挑戦してみようとします。保育者が、多様な表現方法を子どもに提示すると喜んで取り組んでくれることでしょう。子どもは、体験を積み重ねる中で、たとえば、素材を触った時点で、「この紙だったら、ちぎり絵にしてみようかな」や「やっぱり、にじみ絵で使おうかな」といったように、その素材だとどのような方法が適しているかを考えるようになります。特に5歳以降になると、数多くの選択肢の中から、「この遊びには、この素材を使ってみたいな。なぜならば・・・」と論理的にも考えるようになります。つまり、子どもに表現をするための技術を体験させることは、子どもの論理的思考力を育むことにつながっていきます。

　これまでにも、保育実技に関する書籍は数多く出版されており、みなさんは、教材研究や保育・教育実習の際に参考にしてきたと思います。本書の特徴は、保育実技の方法を紹介するだけでなく、各保育実技が子どもの成長・発達にどのように影響して、その結果、子どもにどのような力が身につくと考えられているかといった教育的効果も解説に含めているところです。保育実技は、さまざまな分野から成り立っているので、本書では、運動あそび、ことばあそび、音楽あそび、造形あそびと造形技法、STEAM 教育を取り入れた保育実践という形で整理をして紹介することにしました。

　本書の構成は、レッスン1からレッスン6までは保育実技の紹介をし、レッスン7とレッスン8は園の採用試験対策で役立つ内容としています。**レッスン1**は、保育活動をはじめる前に、子ども達に向けて行うべき自己紹介の仕方と、子どもが心を動かす導入の仕方のポイントを紹介しています。**レッスン2**は、運動あそびです。子どもは、自分の身体をうまく動かすことができるようになると、「もっと、やってみたい」という意欲をもつようになり、そこから自立心も養われます。本レッスンでは、ボールやフラフープといった用具を使った運動あそびやルールのある遊びなどを紹介し、楽しいあそびの中で、基礎体力の向上や運動機能の発達や、ルールを守ることなどで培われる社会性について解説しています。**レッスン3**は、ことばあそびです。

絵本や紙芝居の読み聞かせ、素話といった園における代表的な言語活動の紹介から、保育活動の導入の際に使える手あそび、パネルシアター、エプロンシアター、ペープサートなど、児童文化財よばれるものを紹介します。このような文化財に数多くふれることで、子ども達が語彙力を身に付け、さらに文章理解が相乗的に進み、想像力あふれる豊かな言語表現を獲得していくことなどを解説しています。**レッスン4**は、音楽あそびです。子どもの音楽表現活動にて使用する基本的な楽器の特徴と取り扱い方、手作り楽器の作り方、絵本を使った音楽創作活動を紹介しています。保育者として、基本的な楽器の正しい取り扱い方を知っておくことは大変重要です。保育者を目指すみなさんのために、ピアノ演奏や弾き歌い、歌唱指導のコツもまとめています。音楽あそびにおいて、「この歌には、この楽器が合う」といったことも対話をしながら遊ぶことで、音を聴き分ける力やリズム感、音楽的センスを磨くことができことを解説しています。**レッスン5**は、造形あそびと造形技法です。造形あそびでは、子どもにとって身近にある折り紙や新聞紙、草花などの自然物の素材を使って表現することを中心に紹介しています。自分が感じたことや考えたことを、描いたり、つくったりすることで、想像力や思考力が培われると同時に、色彩感覚や豊かな感性・感覚が培われていきます。また、造形あそびをする中で、子ども達は、切る、折る、貼る、丸めるなどの指先を使った動きを繰り返します。「手は第二の脳」とも呼ばれており、指先の巧緻性が高まることは、脳を育てていることにつながることなどを解説しています。**レッスン6**は、STEAM教育を取り入れた保育実践です。STEAM教育とは、科学(Science)、技術(Technology)、工学(Engineering)、芸術・リベラルアーツ(Arts)、数学(Mathematics)の5つの領域の頭文字を組み合わせた教育概念のことです。幼児教育において、STEAM教育をどのように導入すべきかについては、現在もさまざまな実践や研究がされているところですが、STEAM教育にて子どもに身に付けさせたい能力とは、論理的に考える力、創造する力、試行錯誤する力です。本レッスンでは、STEAM教育にてよく取り扱われる製作活動を紹介しています。**レッスン7**は、場面指導の練習です。保育現場でのさまざまなトラブルを紹介し、どのように対応すればよいかについても考えます。**レッスン8**は、公立園・私立園の採用試験の概要と公務員採用試験(保育士・幼稚園教諭)にて実際に出題された保育実技等の問題をまとめていますので参考にしてください。なお、各レッスンには、ワークも用意していますので、自分自身やグループで取り組んでみてください。また、各保育実技の教育的効果についてより深く知りたい人は、【参考文献】に書かれている書籍を読んで知識を深めることを薦めます。 わたしたちは、本書が保育に関わるみなさんの学習に役立つことを願っています。

代表編者　岡野聡子

目 次

レッスン 4　音楽あそび

レッスン 5　造形あそびと造形技法

レッスン6 STEAM教育を取り入れた保育実践

レッスン7 場面指導の練習をしてみよう

レッスン8 公立園・私立園の採用試験に向けて

レッスン1 保育活動に入る前に

1. 子ども達の前で、自己紹介をしてみよう

> 「僕の名前は、こくぼ　けいいちろう　と言います。大学の先生をしています。
>
> 今日は、〇〇先生（実習生の名前）がちゃんと勉強しているか見に来ました。」

　これは、筆者が実習巡回の訪問指導で園に行った際の自己紹介の一例です。子ども達は「ふ〜ん」といった感じで、その後、私は子ども達から話しかけられることはあまりありませんでした。この自己紹介では、筆者に興味を持てなかったのでしょう。みなさんが実習などで園に行った際には、子ども達の前で自己紹介をすることになります。筆者の場合は、子ども達に興味をもってもらう必要はないので、上記のように無味乾燥な自己紹介でも支障はありません。しかし、みなさんは違います。子ども達とより良い関係を築くために、まず自分自身に興味を持ってもらう必要があります。

　さて、みなさんは子ども達の前でどのような自己紹介をしますか？下の写真は、筆者が勤務する保育者養成校にて、学生達に作らせている「パタパタ自己紹介」という教材です。これは、藤田浩子さんの著書『こっちむいて　おはなしおもちゃ』を参考にして作りました。子ども達の前で、この「パタパタ自己紹介」をしてみると、パタパタパタ〜と名前の文字が次々と表示される仕掛けになっているので、子ども達からは歓声があがります。このように、単に自分の名前を口頭で紹介するだけでなく、何か1つ工夫を凝らすことで、子ども達がみなさんに興味を持ち、親しみが湧き、より良い関係を築きやすくなります。ぜひ活用してみてください。

写真1-1　パタパタ自己紹介の様子

【参考文献】藤田浩子(2002)『おはなしおばさんシリーズ④巻　こっちむいて・おはなしおもちゃ』一声社

2. 子どもに伝わるお話の仕方とは

　先ほど取り上げた筆者の自己紹介について、少し考えてみます。なぜ筆者の自己紹介では、子ども達が興味を持たなかったのでしょうか？

　筆者は、園内研修や公開保育などでも園を訪問することがあります。その際にも子ども達の前で自己紹介をする機会があるのですが、先の紹介を少し変えて、こんなふうに話します。

「僕の名前は、こくぼ　けいいちろう　と言います。今日は、みんながおもしろそうな遊びをしていると聞いたので、見に来ました。みんなの遊びをたくさん見せてね。」

　この自己紹介をした後は、実習巡回の時とは違い、子ども達が「みてみて〜！」と声をかけてきてくれたり、自分たちがしている遊びの場所まで手を引いて連れていってくれたりするようになりました。さて、実習巡回の時との違いは何でしょうか？

　実習巡回の時、筆者は「今日は、〇〇先生がちゃんと勉強しているか見に来ました」と話しています。一方、上記の紹介では、「みんながおもしろそうな遊びをしていると聞いたので、見に来ました」と伝えています。前者は、「〇〇先生の教育活動を指導する」という実習生へのメッセージであるのに対し、後者は、「面白そうな遊びを見せてほしい」という子ども達へのメッセージなのです。子ども達に対するメッセージだったので、その言葉に応じてくれたのです。

　子どもに伝わるお話の仕方には、「子どもにわかりやすい言葉で話す」や「ゆっくりと話す」などの技術的な面ももちろん必要でしょう。しかし、それ以上に大切なことは、「今、ここで話していることは、あなたに宛てたメッセージだ」という意識をもって話すことだといえます。子ども時代に、自分に宛てられた話をたくさん聴いた経験があると、小学校へ上がってからも先生の話が聞けるようになります。それは、大人が話してくれる話は、すべて自分に宛てられたものだという実感があるからに他なりません。子どもに伝えたい自分なりの"メッセージ"を考えてみましょう。

【ワーク 1−1】子ども達に対して、メッセージを送るという気持ちをもって、自己紹介を考えてみましょう。その際、たとえば、パタパタ自己紹介を作ってみる、「みんなの好きな〇〇を教えてね」といった〇〇（遊び、食べ物、など）に入る言葉を考えて応答的な自己紹介を考えるなど、一工夫を入れてみましょう。自己紹介の準備ができたら、友達の前でも発表してみましょう。

---

3. 子どもの心を動かす導入の仕方とは

　幼保連携型認定こども園教育・保育要領解説には、「心を動かされる」という状態について、以下のように解説されています。

> 　心を動かされるというのは、驚いたり、不思議に思ったり、嬉しくなったり、怒ったり、悲しくなったり、楽しくなったり、面白いと思ったりなど、様々な情動や心情が湧いてくることである。このような情動や心情を伴う体験は、園児が環境に心を引き付けられ、その関わりに没頭することにより得られる。そのような体験は園児の心に染み込み、園児を内面から変える。また、園児を内発的に動機付ける。すなわち、その体験から園児自身が何かを学び、そして新たな興味や関心が湧いてくるのである。
>
> 　このように、心を動かされる体験は園児自身の中に定着する。そして、次の活動への動機付けにもなり、また、一定期間経た後に、新たな活動の中に生きてくることもある。
>
> 〔出典：内閣府・文部科学省・厚生労働省（2018）「幼保連携型認定こども園教育・保育要領解説」、pp.99-100より抜粋〕

　つまり、導入によって心を動かす体験ができていれば、その体験が動機付けとなります。そして、導入しだいで、子どもは、ポジティブな体験の場合には意欲や期待感をもって、またネガティブな体験の場合には次の活動がポジティブになるように、活動に取り組むことができるようになるといえます。それでは、導入とは何でしょうか。導入とは、読んで字のごとく考えますと、保育活動に子どもを「導き入れる」ことといえます。学校の授業の場合、「導入・展開・まとめ」の流れで授業計画をたてますが、保育活動においては「導入・展開・まとめ」というように明確に分けて計画をたてることはあまりありません。導入は、第一に、子どもが意欲的に活動できるようにするため、第二に、子どもが活動への見通しや期待感をもつことができるようにするため、第三に、子どもが気持ちを切り替えて物事に集中できるようにするために必要です。導入の方法には、手遊びや絵本の読み聞かせをしたり、ペープサート等の保育教材を使用することもあり、その日の主活動に応じて、さまざま形で展開されます。目久田ら（2018）は、幼稚園で手遊びで導入する場合、その後の活動に関連する手遊びに限っては、活動の開始直後の子どもの集中力を促進する効果があると述べ、保育活動の導入時における手遊びの効果を明らかにしました。このように、主活動に応じた手遊びや絵本などを選んで保育導入時に活用できるようにするといいでしょう。

　手遊びを導入に活用する場合は、導入の準備期間は短時間で済みますが、導入の種類によっては数ヶ月前から環境構成の準備を必要とするものがあります。たとえば、栽培などの自然体験活動の場合、時間をかけて準備をしておく必要があります。みんなで春の季節感を楽し

むためにチューリップを鑑賞したいと計画すれば、前年の 10 月頃にチューリップの球根を植えて育てておく必要があるため、年間指導計画に基づいて子ども達の活動に見通しをもっておくことが必要です。園によっては、年間を通して季節感あふれる環境づくりを実践されている園があります。子どもが通る門、玄関付近、廊下などにおいて、子どもが育てた草花や野菜、果物を鑑賞できるスペースを設けて、日常生活から自然への興味関心を育む工夫をされています。これは、園全体で、普段から自然体験活動につながる導入を実施していると言えます。

　最後に、保育内容の 5 領域（健康・人間関係・環境・言葉・表現）からも、導入について具体的に考えてみたいと思います。たとえば、「健康」の領域では、導入時に行う準備体操ひとつをとっても、楽しい体操を取り入れ、保育者も子ども達と共に楽しく体操すると効果的です。「人間関係」の領域では、友達と一緒にゲームをして遊ぶ際、ルールばかりを説明するのではなく、子ども達が楽しく遊びたいと思うことのできるような雰囲気づくりを心がけることが必要です。「環境」の領域では、動植物とふれ合う活動をする際、なぞなぞを考えて子ども達に投げかけてみるといった工夫も考えられます。「言葉」の領域では、導入の際に扱う絵本の読み聞かせや素話などにおいて、子ども達の反応を見ながら物語の世界に丁寧に導いていくことが求められます。「表現」の領域では、動きで表現する活動の導入時において、子ども達の反応を積極的に認めていく言葉がけをしたり、音で表現する活動の導入時において、練習が必要な場合には前回の練習を認めて褒めたりして、スモールステップで達成感を味わえるように配慮する必要があります。絵画やつくる活動の導入時は、見本の提示が逆効果になる場合があることを認識し、子どもが自己のオリジナリティを主体的に発揮できる雰囲気をつくりましょう。

　以上のように、導入は活動の前に行うものですが、活動の途中で活動に意欲的ではない子どもがいる場合には、タイミングを見て再導入的な時間をもつなど、子どもの戸惑いを解決して意欲を一層高める活動になるように工夫してみましょう。そして、「心を動かされる体験が次の活動を生み出す」とあるように、保育においては、子どもの心が動かされるような環境を事前に構成した上で、活動のための導入を行うことを心掛けましょう。

【参考文献】
　・厚生労働省(2018)「保育所保育指針解説」フレーベル館
　・鈴木みゆき(1989)『実習のヒントとアイディア―導入・展開・まとめ（幼稚園・保育所実習）』萌文書林
　・内閣府・文部科学省・厚生労働省(2018)『幼保連携型認定こども園教育・保育要領解説』フレーベル館、
　　pp.99-100
　・目久田純一・越中康(2018)「保育活動に対する幼児の集中力に及ぼす導入としての手遊びの効果」梅花女子
　　大学心理こども学部紀要 8 号、pp.1-9.
　・文部科学省(2018)「幼稚園教育要領解説」フレーベル館

レッスン 2　運動あそび

1. 0、1、2 歳児向けの運動あそび

　子どもに経験してもらいたい「遊び」を保育者が設定するとき、「この遊びは子どもの発達に合っているか」や「この遊びを通してどのような経験をさせたいか」という保育者側の意図やねらいが大変重要になります。ここでは、0、1、2 歳児向けの 1）追いかけたり逃げたりすることを楽しむ運動あそびと2）くぐったりジャンプしたりすることを楽しむ運動あそびを紹介します。

1）追いかけたり逃げたりすることを楽しむ運動あそび

　【事例 2−1】のはいはい追いかけっこ（0 歳後半〜）は、はいはい運動での運動機能向上とスキンシップをとることを目的としています。はいはい運動は、両手・両腕で上半身を支えながら足腰を使って前に進む力、足の裏を使って蹴り出す力が必要となる全身運動です。はいはいの期間が短いと、腕力や脚力が十分につかないまま、歩行の段階へと入ってしまいます。こうしたはいはい運動などを取り入れて遊ぶことで、子どもの心身の発育を促しましょう。

【事例 2−1】はいはい追いかけっこ

【対象年齢】0 歳後半頃〜 【身体発達の目安】四つ這いになって、前方に進むことができる。 【遊び方】 1. 座った姿勢で、子どもと目線を合わせます。 2. 保育者が「今から追いかけるよ！」というアイコンタクトを子どもに送ります。視線が合うだけで、子どもは期待感を高め、はいはいで逃げて楽しみます。 3. 保育者も四つ這いになり、はいはいをしている子どもを追いかけます。その際、「まてまて〜」と声をかけながら子どもを追いかけてみましょう。 4. 時々、追いついて足をさわったり、ダイナミックに抱っこしてつかまえたりすることで、子どもは大変喜びます。

　次は、【事例 2−2】のボール入れ追いかけっこ（1 歳後半〜）を紹介します。1 歳頃にひとり歩きができるようになり、歩く経験が増えることで徐々に歩くスピードも速くなります。1 歳半〜2 歳頃には走ったり追いかけっこをしたりして楽しむようになります。この遊びは、ボールを箱に入れるという手と目の協応動作をしながら、全身を使って遊ぶことを目的としています。

【事例 2−2】ボール入れ追いかけっこ

【対象年齢】1 歳後半頃〜 【身体発達の目安】走ったり、ボールを投げたりする動作ができる。 【準備物】縦横 30 ㎝程度の箱、ボール 【遊び方】 1. 子どもの前で、保育者が箱の中にボールを入れる動作を見せます。子どもも、保育者と同じ動きをまねて、ボールを箱の中に入れようとします。

2. 何度か 1. を繰り返した後、保育者が箱をもちながら、子どもから逃げます。保育者は、子どもを見ながら、後ろ歩きになります。子どもは、箱にボールを入れようとして、保育者を追いかけるので、子どもがボールを無理なく入れられる位置で箱をもってください。

2) くぐったりジャンプしたりすることを楽しむ運動あそび

1 歳以降、一人歩きが安定してできるようになったら、「前庭感覚（身体を平衡に保つための感覚）」を鍛えることを意識した遊びを取り入れてみましょう。【事例 2－3】のくぐってあそぼう（1歳前半頃～）では、フラフープの中を少しかがんでくぐり抜けるという動作をします。少しかがまないと通り抜けることができないので、子どもは自分の身体の使い方を工夫します。そのことで、自分の身体の部位や大きさがこれくらいという実感（ボディイメージ）をつかむことができ、身体認識力を磨くことができます。ボディイメージがわかってくると、自分の身体と遊具や用具の位置関係を把握して安全に動く空間認知能力が育っていきます。

【事例2－3】くぐってあそぼう（1 歳前半頃～）

【対象年齢】1 歳前半頃～
【身体発達の目安】歩いたり、かがんだりすることができる。
【準備物】幼児用フラフープ 3 本
【遊び方】
1. 床にフラフープを 3 本置き、その中心に保育者が座ります。
2. 3 つのフラフープのうち、1 本のフラフープを立てて、そこを子どもがくぐり抜けます。
【留意点】
　置いてあるフラフープでつまづかないように、声かけをして注意を促しましょう。

次は、【事例2－4】のジャンプであそぼう（2 歳頃～）を紹介します。この遊びも、フラフープを使用します。この遊びは、ジャンプをする動作を通して、バランス感覚を養うことや体幹を鍛えることを目的としています。私たちがジャンプをするときは何も考えていなくても、転ばずに着地をすることができると思います。それは、身体が自然と下半身と上半身を安定させ、全身で踏ん張ろうとするからです。子どもの場合、両足に力を入れて踏ん張り、その力で蹴り出す力がつくと、両足でジャンプができるようになります。両足で上にジャンプしたり、前方に蹴り出したりする遊びを通して、丈夫な身体をつくりましょう。

【事例2－4】ジャンプであそぼう（2 歳頃～）

【対象年齢】2 歳頃～
【身体発達の目安】歩いたり、走ったり、ジャンプしたりすることができる。
【準備物】幼児用フラフープ 5～10 本
【遊び方】
1. 床にフラフープをランダムに置きます。直線に並べる、ケンケンパに並べる等。
2. フラフープの輪の中にジャンプして出たり、入ったりして遊びます。

2. 3歳児向けの運動あそび

　幼児期の基本的な運動作は、①平衡系の動き（姿勢を変えてバランスを取る等）、②移動系の動き（走る・跳ぶ等）、③操作系の動き（つかむ・投げる・受けとめる等）の 3 つに分類されます。日々の保育の中で、子どもが様々な動きを経験することができるように意識したいものです。3 歳頃になると、身体の動きもよりダイナミックになり、また、人との関わりも広がりますので、友だちと一緒に簡単なルールのある遊びを楽しめるように、保育者はねらいをもって遊びを提案しましょう。ここでは、1) 簡単な操作系の運動あそびと 2) 簡単なルールのある運動あそびを紹介します。

1）簡単な操作系の運動あそび

　【事例2－5】のころころボウリングは、ペットボトルをボウリングのピンに見立てて、ボールを転がして倒す遊びです。ボールを狙った場所に転がすというのは、簡単そうに見えて実は難しい動作です。視覚で捉えたボウリングのピンとの距離感をつかむこと、ボールを転がす力、手元のコントロールが必要になるからです。

【事例2－5】ころころボウリング

【準備物】空のペットボトル 10 本、直径 15 ㎝程度のボール、ビニールテープ 【遊び方】 1. ペットボトルのピンを、ボウリングのピンに見立てて並べます。 2. ボールを転がすラインを決めて、ボールを転がす地点にビニールテープを貼ります。 3. 子どもはラインに立ち、ペットボトルのピンに向けてボールを転がします。 4. 倒れた本数を数えます。何本倒れたのかを数えると、数字を学ぶ機会にもなります。

2）簡単なルールのある運動遊び

　ここでは、【事例2－6】のこおりおにを紹介します。おにごっこは、オニと子の役を決め、オニが子にタッチしたら、子がオニになる遊びです。はじめは保育者がオニになって、子どもがルールを理解しているかどうか確認しながら進めます。普通のおにごっこに慣れてきてから、こおりおにごっこに挑戦してみましょう。

【事例2－6】こおりおにごっこ

【準備物】なし 【遊び方】 1. オニ役を決めます。10 数えたら、オニが子を追いかけます。 2. 子の役はオニから逃げます。オニにタッチされたら、子はその場で立ち止まって「こおり」になります。 3. 子は、「こおり」になって固まった仲間をタッチすることで、こおりになっていた子は、自由に動くことができるようになります。

この遊びで、子どもが経験できることは、①
追いかけたり、追いかけられたりしながら移動
系・操作系の動きを交えた全身運動ができるこ
と、②簡単な遊びのルールを理解し、それに則
って遊ぶ楽しさを味わったり、勝ち負けを経験
できること、③友だちを助けたり、友だちに助
けられたりすることを経験できることです。ま
た、こおりおにの他にも、ポーズおにごっこと

呼ばれる遊びがあります。オニが子をタッチすることで、子は立ち止まりますが、その際、ポー
ズを取って立ち止まります。柔軟性や表現力も身につきますので挑戦してみましょう。3歳児
でも十分に楽しめます。

【事例2－7】ポーズおにごっこの例

1. 地蔵おに（大仏おに）
　子は、タッチされたら地蔵（大仏）のポーズをして立ち止まります。仲間の子が地蔵の前
にお供え物を置き、手を合わせて拝むふりをすると、再び地蔵の子が動くことができます。

2. バナナおに
　オニは、「バーナナ！」と言いながら子にタッチします。タッチされた子は、バナナのポー
ズ（両手を頭上で合わせる）で立ち止まります。仲間の子が、立ち止まっている子に対して
「むきっ」と言いながらバナナの皮をむく動作をして助けることで、子は再び動くことができま
す。

3. スイカおに
　オニにタッチされた子は、スイカのように丸くなって、その場に止まります。仲間の子が、
スイカになっている子に対して、「パッカーン！」と言いながらスイカ割りのように割ってあげ
ると、スイカになっていた子は再び動くことができます。

4. 電子レンジおに
　オニにタッチされた子は、その場で立ち止まります。助けるためには、子が 2 人組にな
り、両手で輪っかの形をつくって、その中に立ち止まった子を入れます。2 人で「電子レンジ
で（しゃがむ）…ちーん！（立ち上がる）」と言うと、子は解凍されたことになり、再び動くこと
ができます。

【ワーク 2－1】ポーズおにごっこの例を紹介しましたが、自分でもポーズを創作して、
実際に友達とともに遊んでみましょう。

3．4歳児向けの運動あそび

　子どもの運動能力や体力は、1986年頃がピークとなった後、1997年にかけて大きく低下し、その後も低い水準のまま推移してきました。2012年、文部科学省は「幼児期運動指針」を発表し、なるべく多様な動きを経験できるようなさまざまな遊びをすることや、楽しくからだを動かす時間を確保することを推奨しています。幼児期に経験する基本的な動きの例については、p.13に掲載をしておきますので、参考にしてください。

　4歳頃になると、これまで経験し、身につけてきた基本的な動きが定着し始めます。友達と一緒に運動することに楽しさを見出し、環境との関わり方や遊び方を工夫しながら多くの動きを経験するようになります。特に全身のバランスをとる能力が発達し、身近にある用具を操作する動きも上手になっていきます。さらに遊びを発展させ、自分たちでルールや決まりを作ることに面白さを見出したり、大人が行う動きをまねしたりすることに興味を示すようになります。また、友達との関わりが増えるなかで、運動場面においても「できる−できない」「勝った−負けた」といった客観的な二分的評価によって自己を認識していきます。できなかった、うまくいかなかった時の声かけやサポートが、子ども達の次の意欲や動機づけを左右します。4歳児では、たくさんの動き、特に用具などを操作する動きや身体の協調性の高い遊びをしていきましょう。ここでは、1）からだをつくる運動あそび、2）跳び箱やマットを用いた運動あそび、3）かけっこあそびの3つの観点から、4歳児の運動あそびを紹介します。

1）からだをつくる運動あそび（からだをほぐす・多様な動きをつくる）

　ボール、フープ、なわなどを用いると、投げる・転がす・受ける・取る・掴む・蹴る・回す・結ぶなどの操作性を高め、全身および指先の巧緻性を養うことができます。4歳頃になると、基本動作の組み合わせも可能になってくるため、全身の調整力を養うこともできます。

【事例2−8】ボールやフープ、なわを用いた4歳児の運動あそび

ボール：投げ上げて身体を回転させてキャッチ、ドリブル、的当て フープ：転がして遊ぶ、床に置いたフープでケンパ遊び、渡しリレー、輪投げ なわ：短なわを自分で回して両足やケンケンで跳ぶ、長なわをくぐり抜ける

2）跳び箱やマットを用いた運動あそび

　跳び箱やマットを用いると、寝転ぶ・転がる・回る・跳ぶ・渡る・跳び降りる・よじ登るなどの多様な動きができ、筋力や敏捷性、瞬発力、平衡性、巧緻性などを養うことができます。跳び箱を

用いた運動あそびでは、4 段ほどのものに手をついて
よじ登り、上から跳び降りることで、手を着く・着地の感
覚をつかんでいきます。マットを用いた遊びでは、床に
敷くだけではなく、丸めたり立てたりトンネルにすること
で、サーキット遊びのコース作りをすることもできま
す。また、マット取り競争の事例も以下に掲載しておき
ます。この遊びは、2 つのチームに分かれて、自分の陣地にマットを運ぶというものです。自
分の陣地にマットを運び込んだら、次のマットを取るために手伝いに行くというチームワークが
必要になる遊びです。

【事例 2−9】 マットを用いた運動あそび：マット取り競争

【準備物】 マット 7 枚（マットの数を奇数にする）
【遊び方】
1. 子どもを 2 チームに分け、左右の両サイドに分かれて座るように指示を出します。
2. 7 枚のマットを中間地点に置いておきます。
3. 笛の合図と共に、子どもが一斉にマットを取りに行き、自分の陣地に運び込みます。
4. 自分の陣地にマットを運び込んだら、次のマットを運ぶ手伝いに行き、最後はマットを多く
　取った方が勝ちです。

3）かけっこあそび

　走り方も洗練してくる 4 歳児では、走りながらスピードを上げたり落としたりするような、スピ
ードコントロールの能力を養います。そのため、折り返し点（コーンや旗を置く）で一回りして戻
る 20mほどのまっすぐなコースをつくりましょう。間に障害物を置く場合には 5m ほどの間隔を
空けます。仰向けやうつ伏せの姿勢からスタートすれば、敏捷性や反応力も育てられます。4
歳頃になると、ルールのある遊びも楽しめるようになりますので、しっぽ取りゲームを紹介し
ておきます。

【事例 2−10】 かけっこあそび：しっぽ取りゲーム

【準備物】 しっぽになるヒモ（スズランテープ、タオルなど）
【遊び方】
1. ズボンの後ろに、1 人 1 本のしっぽになるヒモをはさみ、ズボンからしっぽが垂れるよう
　にします。
2. 友だちと間隔をあけて立ちます。
3. 先生の笛の合図で、子ども達は、しっぽを取るために追いかけ合います。
4. しっぽが取られた子どもは、保育者の近くに来て応援係になります。
5. 最後は、しっぽを一番多くもっていた子どもが勝ちです。

【参考文献】
　・岩崎洋子編著 (2018)『保育と幼児期の運動遊び』萌文書林
　・文部科学省 (2012)「幼児期運動指針ガイドブック」

4. 5歳児向けの運動あそび

　体力・運動能力の低下とともに、獲得される運動能力の年齢の遅れや未熟さ、不器用さなども指摘されています。例えば、1985年と2007年の子どもの基本動作についての動作発達得点を比較すると、年少・年中・年長いずれも有意に低下し、2007年の年長児の動きの水準は1985年の年少児と同等であると示されました（中村ら、2011）。身体能力の獲得の遅れはその後の発達段階にも持ち越され、身体活動傾向や運動の嗜好性にも繋がります。小学校の教科体育を見すえた幼小接続も意識した活動ができるといいでしょう。

　5歳頃になると、無駄な動きや力みなどの過剰な動きが少なくなり、動き方が上手になっていきます。友達と共通のイメージを持って遊んだり、目的に向かって集団で行動したり、友達と力を合わせたり、役割を分担して遊ぶようになり、満足するまで取り組むようになります。これまでの知識や経験を生かし、工夫をして、遊びを発展させる姿もみられるようになります。この時期は、全身運動がなめらかで巧みになり、全力で走ったり、跳んだりすることに心地よさを感じるようになります。ここでは、1) からだをつくる運動あそび、2) マットや跳び箱、巧技台を用いた運動あそび、3) かけっこあそびの3つの観点から、5歳児の運動あそびを紹介します。

1) からだをつくる運動あそび（からだをほぐす・多様な動きをつくる）

　フープやなわを用いて、基本動作をいくつも組み合わせながら、友達と協力したり、ゲーム性の高い遊びを楽しむようにします。フープでは、腰や腕、足など身体のいろいろな部位で回し、回したまま歩いてみるなどの動作を取り入れます。回転を保持しながら身体のバランスも保つ必要があるので難しいです。なわでは、保育者の回すなわを跳び越すことで、自他のタイミングに動きを合わせることに長けていきます。また、走りながら前回しで跳ぶという2つの動作を同時に行うことで協応動作を磨いていきます。

【事例2-11】フープやなわを用いた5歳児の運動あそび

フープ：腰や腕、足など身体のいろいろな部位で回す、転がっているフープをくぐり抜ける なわ：短なわの後ろ回し跳び、走りながら前回し跳び、長なわで集団でその場で両足跳び

2) マット・跳び箱・巧技台を用いた運動あそび

　5歳頃になると、より多様な動きができ、全身をダイナミックに使い、友達の動きに刺激を受けて身体の使い方の工夫ができるようになります。マットを離して置き島に見立ててジャンプをしたり、マットを大人数で引っ張って陣地取りに使うこともできます。跳び箱は1段目のクッシ

ョン部分を山に見立てて両足ジャンプで跳び越せば踏
み切りの練習にもなります。慣れてくれば複数を置い
て連続ジャンプをします。巧技台を組み合わせれば、
傾斜をつけたり、くぐる・ぶら下がるなどができます。

3) かけっこあそび

　5歳児では、スピードコントロールの能力に加えて、いろんな障害物を跳んだり回ったりしな
がら全身を使って走る楽しさを養います。園庭半周くらいのコースの中でジグザクコースを設
定する、障害物を置くなどにより、素早い切り返しやターンが身につきます。チーム意識が醸
成され競争を好むようになるので、リレーをすることで勝負の嬉しさや悔しさ、応援する楽しさ
が味わえます。他にも、チーム意識を育み、社会性を発達させるおにごっこの事例を以下に紹
介します。

【事例2−12】社会性を発達させるおにごっこ

1. 木石おに

　オニにタッチされると、木（両手を水平に広げ両足を肩幅に開く）または石（四つんばいで
小さくなる）のポーズを取ってその場で止まります。仲間の子は、木の足の間をくぐり抜けた
り、石をまたぐことで子を助けることができます。逃げるだけではなく、助ける行為によりス
リルや満足感が得られますし、オニの動きをよく見る観察眼が養われ、他の子ども同士で
牽制したり協力して動くこともできます。これらの動きはボールゲームでのフェイントやガー
ドの動きにも繋がります。

2. 3色おに

　赤色・青色・黄色の3つのチームに分かれます。赤は青を追いかけ、青は黄を追いかけ、
黄は赤を追いかけます。タッチされたら、そのチームのろうやに入れられます。仲間からタ
ッチされると再び動くことができます。このおにごっこに慣れてきたら、ろうやの見張り係や
仲間を助ける係など、役割分担も楽しめますし、チームワーク力も養われます。

【ワーク 2−2】社会性を発達させるおにごっこの他の事例を探し、実際に遊んでみまし
ょう。

【参考文献】
　・中村和彦・武永理栄・川路昌寛ら(2011)「観察的評価法による幼児の基本的動作様式の発達」発育　発達
　　研究 51, pp.1–18
　・文部科学省(2012)「幼児期運動指針ガイドブック」

図2−1　幼児期に経験する基本的な動きの例

〔出典：文部科学省(2012)「幼児期運動指針ガイドブック」p.9〕

5. ダンスあそび

　文部科学省(2012)は、「幼児期において、遊びを中心とする身体活動を十分に行うことは、多様な動きを身に付けるだけでなく、心肺機能や骨形成にも寄与するなど、生涯にわたって健康を維持したり、何事にも積極的に取り組む意欲を育んだりするなど、豊かな人生を送るための基盤づくりとなる」と述べ、次の5つの効果が期待できるとしています。

> ①体力・運動能力の向上、②健康的な体の育成、③意欲的な心の育成、
> ④社会適応力の発達、⑤認知的能力の発達

　そのため、幼児教育の現場では、遊びを通した身体活動を行うために、お遊戯を取り入れています。お遊戯とは、音楽に合わせて体を動かすことで、全身運動を促すものです。ダンスあそびも、お遊戯の一つです。年長の子ども向けに、敢えてある程度難しく作られた動作もありますが、基本的には、子どもにとって親しみやすい、また興味を持ちやすい音楽を用意し、簡単な動作をプログラムすることで、楽しく運動できるように工夫されています。

　ダンスあそびをすることによって、子どもにはどのようなメリットがあると考えられるでしょうか。メリットの要素をいくつか取り上げると、①音楽に合わせて楽しく運動をすることができること、②リズミカルに動くことに慣れること、③反復することで、音楽と動きを結びつけて覚えていくことができること、④身体表現力を高めることができること、⑤保育者というモデルを見て動きを模倣し、見ながら実際に体を動かして学ぶことができること、⑥登場人物になりきることができることです。また、音楽を流して、子ども達と一緒にどのような振り付けで動いてみるかを考えて行うことも、ダンスあそびに対する意欲を育てることにつながります。ダンスあそびの場合、音楽に合わせながら、すばやい方向転換などの敏捷な身のこなしや状況判断・予測などの思考判断を要する全身運動となるため、脳の運動制御機能や知的機能の発達促進に有効であると考えられます。

　ダンスあそびの例として、保育現場で親しまれているものを右記に紹介しますので、みなさんも楽しんで踊ってみてください。

【おすすめのダンス遊び例】
・あまだれぽったん
・エビカニクス
・かっぱなにさまかっぱさま
・ぐるぐるどっかーん
・昆虫太極拳
・しゅりけんにんじゃ
・ラーメン体操、など

【参考文献】
・幼児期運動指針策定委員会(2012)「幼児期運動指針」

6. リズムあそび

　リズムあそびとは、リズムに合わせて身体を動かす遊びのことで、その動きは体の一部分だけを使ったり、または全身を使います。リズムあそびは、次の2つに大きく分けることができます。1つ目は、ピアノ演奏や楽器のリズムに合わせて行うものです。これは、保育者がピアノを弾いたり、楽器を鳴らして、そのテンポに合わせて子どもが決められた動作をします。2つ目は、保育者の肉声による歌に合わせて行うものです。これは、主にわらべうたで用いられる方法で、人間の声を楽器に見立てて、保育者が、または子どもも一緒に歌いながらリズムに合った動きをするといったものです。

　リズムあそびで特に有名なものは、創始者エミール・ジャック＝ダルクローズによる「リトミック」、そしてその内容を学んで持ち帰り、さらに体育要素を融合した天野蝶氏による「天野式リトミック」であったり、律動・自由表現と集団あそび、リトミックの3つの原型を元にして作られた、さくら・さくらんぼ保育園の斎藤公子氏による「リズムあそび」だと思います。斉藤公子氏は、障害のある子どもと健常児が共に育つ統合保育および障害児の保育に尽力した人物です。ここでは、斉藤氏が考案した「さくら・さくらんぼのリズムあそび」の一部を紹介します。斉藤氏は、「ヒトの子を人間に育てる保育の実践」として、生物の進化の法則に沿って身体を動かすことに着目しました。たとえば、赤ちゃんの寝返りやずりばい、はいはいといった発達の過程を再現した動きを真似したりします。特に手足の親指の発達に注目し、「両生類のようなハイハイ運動」をすることで、脳が活性化されるとしています。また、両手で両足の指先を押さえて、まつぼっくりの形（体育座りのような形）になり、コロンコロンと左右に転がって動くリズムあそびもあります。他にも、ロール状にしたマットの上に子どもがうつ伏せや仰向けで寝て、保育者が子どもの身体をマッサージしながら緊張をゆるめていくプログラムもあります。

　こうしたリズムあそびの有用性について、村山（1966）は、音楽の要素（リズム、強弱、拍子、アクセント等）といった聴覚的刺激に、歩く・走るといった様々な運動を組み合わせ、最終的に子ども達の即興的に創作する能力や創造力・想像力の育成に貢献することができると述べています。

【参考文献】
・板野晴子（2012）「天野蝶による日本へのリトミック受容に関する一考察」ダルクローズ音楽教育研究、Vol.37
・門脇早聴子・鷲見三千代（2019）「斉藤公子のリズム運動によるリズム教育−保育におけるリトミックとの比較調査から−」園田女史大学論文集第53号、pp.83-101
・斎藤公子（1980）「さくら・さくらんぼのリズムとうた」群羊社
・原屋文次（2017）「絵で見る斎藤公子のリズムあそび」かもがわ出版
・村山和（1966）「幼児の音楽教育、特にリトミックについて」札幌大谷短期大学紀要3、pp.95-111

7. サーキットあそび

　サーキットあそびとは、マットやフラフープ、トンネル、平均台などの遊具をコースのように並べて、周回しながら運動する遊びです。内容として、サーキット・トレーニングと同等のイメージで考えてみると良いと思います。サーキット・トレーニング(Circuit Training)とは、一連の運動の繰り返しによって様々な運動を経験することで、呼吸や筋力、持久力といった基礎体力の養成・向上などに用いられるトレーニングのことです。これを行うことにより、子どもは遊びを通して身体の諸機能を発達させ、身体の複合的な動きの組み合わせによって、さまざまな刺激を受けながら身体機能を向上させていくことができます。この遊びは、保育者がトレーニング環境を作り出して、あとは子ども達だけで遊ぶのではなく、年齢ごとに子どもとの関わり方や、設定するねらいの視点が変わってきます。

表2－1　サーキットあそびの例

年齢	サーキットあそびの例
0、1歳児	マットを丸めて固定して、山の形を作ります。その山をハイハイで登れるようにしたり、すべり台に見立ててお尻で滑り降りたりして遊びます。
2、3歳児	フラフープでけんけんぱの形を作ったり、大きなフラフープから徐々に小さなフラフープを置くなどして、片足や両足で跳ぶことを楽しみます。
4、5歳児	マットやフラフープでトンネルを作って、しゃがんでくぐる動作をさせたり、平均台を歩くコーナーや縄跳びを跳ぶコーナー、まっすぐ走るコーナーなどを作り、起伏のある動きをさせます。

　たとえば、3歳児に対してサーキット遊びを導入した場合、どのようにすれば子ども達がより楽しむことができるようになるでしょうか。前提として、一斉に行わないことや発達に見合った環境を構成することが上げられますが、保育者は子どもが先に進んでいけるように、また転落などによる怪我をしないように補助を行うとともに、順番を守ることなどの待っている間の子ども達との関わりが求められます。そして、活動中は、「この上から落ちちゃうと、ワニさんに食べられちゃうよ」といったように保育者が子どもに声を掛けたり、平均台から実際に落ちた子どもを保育者がワニになって食べようとするなどして、その場を盛り上げます。子ども自身が想像力を豊かに働かせて遊べるように関わると、子どもの意欲を育てることができます。

　また、5歳児の場合には基本的なルールを守ることなどはできているはずですから、「誰が一番早くできるかな」と言って他児との競争意識を刺激したり、難易度の少し高い環境構成をすることで子どもの意欲を引き出すことができます。サーキット遊びは、保育室やホール、体育館、園庭などにある遊具(ボールや大型積み木、ソフトブロックなど)や体育用教材(とび箱、縄跳び、綱、平均台、マット)など、身近な用具を組み合わせて、工夫して遊ぶことができます。ぜひ、子どもの「少しだけ難しい」を意識しながら一緒に楽しんでください。

8. 伝承あそび（昔あそび）

　伝承あそびとは、柳田国男の『こども風土記』(1976)を原点とし、昔から子どもの間で親しまれてきた遊びの一つです。たとえば、「かごめかごめ」や「なべなべそこぬけ」、「ずいずいずっころばし」、「とおりゃんせ」、「あぶくたった」、「あんたがたどこさ」など、さまざまにありますが、みなさんは実際に遊んだことはありますか？

　近年、子どもの体力低下の問題がよく取り上げられますが、この問題の背景には、三間（時間・空間・仲間）の減少による起因が大きいとされています。その中で、伝承あそびは年齢や体力差を考慮したルール変更・難易度調整が容易であり、三間の減少に対して柔軟に対応できる遊びの一つです。そのため、三間の減少や核家族化等の社会情勢の変化が生じている今、伝承あそびの継承のカギを握っているのは、保育者・教育者だといえます。

　伝承あそびの教育的効果は、子どもの発達過程において、手・指先を使った運動機能の発達や仲間とのコミュニケーション等の社会性、人間関係を育む力の育成等があげられます。お手玉やけん玉、竹馬などの伝承玩具を使いこなすことで、手・指先の巧緻性や平衡性（バランス）といった身体操作性能力の発達や、空間認知能力と時間認知能力（リズム）の調整能力の向上が期待できること、また、繰り返し遊ぶことにより、集中力や忍耐力、向上心が培われると考えられています。(青野, 2013, p.77)伝承あそびの種類は、時代や文化、地域、世代によってかなり異なりますが、西村ら(2009)は、以下のように遊びの内容や機能的側面から4つに分類をしています。

表 2-2　伝承あそびの分類

伝承あそびの分類	具体的な遊びの内容
運動量の多い遊び	石蹴り、板当て、おしくらまんじゅう
歌をともなう遊び	鬼遊び、羽根つき、まりつき
身近なものを使っておもちゃを作り、それを使う遊び	花のかんざし、草花の占い、竹トンボ
模倣的な遊び（ごっこ遊び）	動物ごっこ、ままごと

〔出典：西村誠・山口孝治・桝岡義明(2009)『伝承遊びアラカルト─幼児教育・地域活動・福祉に活かす─』昭和堂〕

　また、草薙ら(2015)は、西村ら(2009)の伝承あそびの研究において、「伝承遊びが知性や社会性の発達だけでなく、「走る」「跳ぶ」「蹴る」「投げる」などの基本的運動能力の発達をも促すといった「動きを育てる」ものでもあると主張していることは注目に値する」と評価しています。

　このように、子ども達の発達を促すことができる伝承あそびですが、実施率は年々減少傾向にあり、三好(2016)によると、保育者養成校に通う学生も伝承あそびを「見たことがない」と応える者が増えてきていると報告していることから、保育者を目指す皆さんには、ぜひとも積

極的に習得してほしい遊びの一つです。代表的な昔あそび(伝承あそび)とその遊び方について、以下に示しますので、皆さんも実際に遊んでみましょう。

【事例2－13】だるまさんがころんだ

①1人の鬼以外の参加者が「はじめの一歩」と叫び、スタートラインから前に出る。鬼は自陣で「だるまさんが転んだ」と言う間は、鬼以外に背を向け参加者の方を見てはいけない。「だるまさんが転んだ」の速度やタイミングを工夫することに楽しさがある。
②鬼は「だるまさんが転んだ」を唱え終えたら振り返り、鬼以外の動向を見てよい。鬼が見ている間に動いた者は鬼に捕まり鬼と手をつなぐ。
③鬼以外は、鬼が見ていない間だけ行動を許される。鬼以外は鬼に近づき、鬼の背中をタッチすると全員(捕まった人の手つなぎの途中を切った場合は、切った人まで)が解放される。鬼は10秒数えたら、「ストップ」と叫ぶ。
④鬼は「だるまさんが転んだ」の10歩進んだ地点からタッチ、あるいは靴を投げて靴に当たった人が次の鬼となる。
⑤①～④を繰り返す。

【事例2－14】はないちもんめ(花一匁、花いちもんめ)

①人数を半分に分け2グループに分かれる。同じグループ同士、横一列で友達と手をつなぎ、グループ間で向き合う。
②グループの代表がジャンケンをして先攻グループが「かーってうれしいはないちもんめ」と歌いながら前進し、最後に片足を前に蹴り上げます。後攻のグループはぶつからないよう少し下がる。同様に後攻のグループが「まけーてくやしいはないちもんめ」と歌いながら前進し先攻のグループはぶつからないように少し下がる。
③②を繰り返しながら、交互にはないちもんめのわらべ歌を歌う。
　先攻「かーってうれしいはないちもんめ」(勝って嬉しい花いちもんめ)
　後攻「まけーてくやしいはないちもんめ」(負けて悔しい花いちもんめ)
　先攻「となりのおばさん(おばちゃん)ちょっときておくれ」
　後攻「おにーがこわくていかれない」(鬼が怖くて行かれない)
　先攻「おふとんかぶってちょっときておくれ」(お布団被ってちょっと来ておくれ)
　後攻「おふとんびりびりいかれない」(お布団びりびり行かれない)
　先攻「おかーまかぶってちょっときておくれ」(お釜被ってちょっと来ておくれ)
　後攻「おかーまそこぬけいかれない」(お釜底抜け行かれない)
　先攻「あのこがほしい」(あの子が欲しい)　後攻「あのこじゃわからん」(あの子じゃ分からん)
　先攻「このこがほしい」(この子が欲しい)　後攻「このこじゃわからん」(この子じゃ分からん)
　先攻「そうだんしよう」(相談しよう)　後攻「そうしよう」
④歌を歌い終わったらグループごと分かれて、相手グループの中で誰を呼びたいかを相談し、決まったら「きーまった」と相手グループに伝える。
⑤お互い呼びたい子が決まったら2列に戻り、「○○君がほしい」「○○ちゃんがほしい」と前後に動きながら名前を呼んで指名する。
⑥呼ばれた2人がジャンケンをする。
　どちらかのグループがいなくなったら、あるいは最後に人数が多かった方が勝ち。

【参考文献】
・青山光子(2013)「伝承遊びに関する研究(1):保育に活かすお手玉遊びとして」新潟青陵大学短期大学研究報告43, pp.77-85
・草薙恵美子・藤本愉・黒阪陽一・松田由里子(2015)「伝承遊びの意義と実践」國學院大学北海道短期大学部紀要32(0)、pp.17-29
・中地万里子(1980)「伝承遊び」平山宗宏編『現代子ども大百科』中央法規
・三好佳代子(2016)「伝承あそびに関する現状と・伝承する意義についての考察」中国学園紀要15、pp.37-41
・柳田国男(1976)『こども風土記　母の手毬歌』岩波文庫

レッスン 3　ことばあそび

1. 絵本の読み聞かせ

　絵本の読み聞かせは、子育てや保育活動中に必ず行われると言っても過言ではありません。なぜ、子どもにとって絵本は必須なのでしょうか？それは、乳幼児期における絵本の読み聞かせの頻度が高いほど、子どもの言語能力や論理的思考力の発達に影響があると言われているからです。ここでは園での保育に焦点を絞り、保育ならではの集団の読み聞かせによる教育的効果について、2つお伝えします。

　1つ目は、友だちと絵本の共有体験ができることです。絵本の読み聞かせの中で、子どもは主人公に自分を重ね合わせて絵本の世界を体験し、その中であらゆる感情に触れます。特に集団の時は、肩と肩を寄せ合い同じ空間で読み聞かせを聞くことによって、友だちと一緒に絵本の世界を体験し、イメージや感情を共有することができます。もしその絵本が子ども達の興味に合っていたならば、子どもから自発的な発話が現れ、その場の一体感をもたらすでしょう。豊かな絵本の共有体験ができるように、保育者は、子どもが安心して絵本に入っていくことができる雰囲気づくりを心がけることが大切です。

　2つ目は、絵本が子どもの生活と結びつくことです。教育要領や保育指針の「内容の取扱い」には、「絵本や物語などで、その内容と自分の経験とを結び付けたり、想像を巡らせたりする」ことが、豊かな言語感覚を養うために必要であると示されています。子どもの経験と結びつく絵本を読むために、保育者は保育のねらいに沿って、目の前の子ども達に適した絵本を選ばなければなりません。それには、子ども達と日々過ごす中で、子どもの興味・関心、発達といった姿を捉えることが重要です。

　以上のような教育的効果を持つ絵本の読み聞かせには、教材作成の手間がなくどこにでも持ち運びができ、いつでも始められるという利点があります。しかし、数ある絵本の中から子どもの姿に沿った絵本を選ぶという難しさがあり、丁寧な下読み（事前に読む練習）も必要です。子どもが絵本に親しめるように、保育者として絵本の時間を大切にし、子どもの姿を捉えた上で絵本を吟味し、丁寧に届けるということを意識しましょう。次のページに、みなさんに読んでほしいおすすめの絵本リストをテーマ別に掲載していますので参考にしてください。

【参考文献】
　　・横山真貴子・水野千具沙(2008)「保育における集団に対する絵本の読み聞かせの意義-5歳児クラスの読み聞かせ場面の観察から-」教育実践総合センター研究紀要 17、pp.41-51

－ ぜひ、読んでほしい！おすすめの絵本リスト －

1）赤ちゃん絵本

	タイトル	文・絵・翻訳	出版社
1	あがりめ さがりめ	ましませつこ絵	こぐま社
2	いない いない ばあ	松谷みよ子文、瀬川康男絵	童心社
3	くだもの	平山和子作	福音館書店
4	じゃあじゃあ びりびり	まついのりこ作・絵	偕成社
5	どんどこ ももんちゃん	とよたかずひこ作・絵	童心社
6	ねないこ だれだ	せなけいこ作・絵	福音館書店
7	もこ もこもこ	谷川俊太郎作、元永定正絵	文研出版

2）むかしばなし

	タイトル	文・絵・翻訳	出版社
1	おおかみと七ひきのこやぎ	グリム童話、フェリクス・ホフマン絵、瀬田貞二訳	福音館書店
2	おおきなかぶ	ロシアの昔話、A. トルストイ再話、内田莉莎子訳、佐藤忠良画、	福音館書店
3	かさじぞう	瀬田貞二再話、赤羽末吉画	福音館書店
4	さるかに	松谷みよ子作、瀬川康男絵	フレーベル館
5	だいくとおにろく	松居直再話、赤羽末吉画	福音館書店
6	つるにょうぼう	矢川澄子再話、赤羽末吉画	福音館書店

3）創作絵本

	タイトル	文・絵・翻訳	出版社
1	かいじゅうたちのいるところ	モーリス・センダック作、じんぐうてるお訳	冨山房
2	からすの パンやさん	かこさとし作・絵	偕成社
3	キャベツくん	長新太文・絵	文研出版
4	ぐるんぱのようちえん	西内ミナミ作、堀内誠一絵	福音館書店
5	11 ぴきのねこ	馬場のぼる作	こぐま社
6	しょうぼうじどうしゃ じぷた	渡辺茂男作、山本忠敬絵	福音館書店
7	だるまちゃんとてんぐちゃん	加古里子作・絵	福音館書店
8	はじめてのおつかい	筒井頼子作、林明子絵	福音館書店
9	100 かいだてのいえ	いわいとしお作	偕成社
10	めっきらもっきら どおんどん	長谷川摂子作、降矢なな画	福音館書店

4）自然・科学

	タイトル	文・絵・翻訳	出版社
1	おちばのしたをのぞいてみたら…	皆越ようせい文・写真	ポプラ社
2	かわ	加古里子作・絵	福音館書店
3	たんぽぽ	平山和子文・絵、北村四郎監修	福音館書店
4	ふゆめがっしょうだん	冨成忠夫・茂木透写真、長新太作	福音館書店
5	はははのはなし	加古里子文・絵	福音館書店
6	ぼく、だんごむし	得田之久文、たかはしきよし絵	福音館書店

5）言葉あそび

	タイトル	文・絵・翻訳	出版社
1	かえるがみえる	松岡享子作、馬場のぼる絵	こぐま社
2	これはのみのぴこ	谷川俊太郎作、和田誠絵	サンリード
3	さる・るるる	五味太郎作	絵本館
4	しりとりのだいすきなおうさま	中川翔子作、はたこうしろう絵	鈴木出版
5	ぶたたぬききつねねこ	馬場のぼる作	こぐま社

2. 英語絵本の読み聞かせ

　木戸ら (2017) は、幼児教育で英語の絵本を使用することに関して、「平易な語彙と、豊かなイラストで構成された英語の絵本が、こどもの言語習得、異文化理解に役立つのはもちろんですが、こどもの想像の世界を広げ、多様な経験が共有できる、他者への共感力が育まれる、自己を再認識するなど、絵本がもつ力は無限大なのです」と述べています。英語の絵本を活用することで、普段行われている日本語での絵本の読み聞かせとは一味違った効用が期待できると考えられています。

　絵本を選ぶ際には、日本語訳書がある絵本の場合、英語原書、日本語訳書のみを使用するのではなく、「併用すること」がおすすめです。両者を上手く併用することで、英語・日本語両方における言語的な気づきを促すとともに、他者への共感力（日本語話者ではない人々への共感）が育まれ、また自己を再認識する（自分たちが使っている言葉に対する新たな気づき）ことにつながります。具体的には、Eric Carle（エリック・カール）や Leo Lionni（レオ・レオニ）の作品がおすすめです。色や体など身近な単語を使っており、内容もわかりやすく、簡単な文で書かれています。また、物語も面白く、絵も楽しめます。Eric Carle（エリック・カール）だと、有名な "The Very Hungry Caterpillar"（はらぺこあおむし）、"Brown Bear、Brown Bear、What Do You See?"（くまさん、くまさん、なにみてるの？）、"From Head to Toe"（できるかな？あたまからつまさきまで）、また Leo Lionni（レオ・レオニ）の作品では "A Color of His Own"（じぶんだけのいろ）や "Swimmy"（スイミー）あたりがよいでしょう。日本語版では人称の使い方、オノマトペやコピュラの使い方が特徴的です。そのため、英語原書と日本語訳書を併用することで様々な言語的な違いやその面白さに気付くことが期待できます。日本語での読み聞かせ同様、子ども達とコミュニケーションを取りながら読んでいくことが大切です。例えば、"Brown Bear、Brown Bear、What Do You See?" では、カラフルな動物が次々と登場し、子ども達は耳と目の両方でこの物語を楽しむことができます。動物の dog、cat や色の red、blue など身近なものが多く、単純な英語の繰り返しで、かつリズミカルなので、子ども達も楽しく参加できるでしょう。

【豆知識】オノマトペって何？
　オノマトペとは、生活における様々な音や様子を言葉で表したもので、フランス語で擬音語を意味する「onomatopée」が語源とされています。オノマトペは、5つに分類することができ、人間や動物の鳴き声、物音など実際に鳴っている音を言葉で表した「擬声語」、自然界の音、物音を言葉で表したものを「擬音語」、人間や物事の様子、実際には鳴っていない音、物事の動作や動きを言葉で表したものを「擬態語」、生物の状態や様子を言葉で表したものを「擬容語」、人間の心理や感覚を言葉で表したものを「擬情語」といいます。生活の中にあるオノマトペを探してみてください。.

英語絵本の読み聞かせをする際には、英語原書と日本語訳書を併用することを推奨しています。そのため、この絵本紹介リストでは、数ある英語絵本の中から日本語訳書が出版されている絵本に限定し、それぞれのテーマごとに英語原書と日本語訳書を併記して紹介していますので、参考にしてください。 Let's enjoy reading picture books in English with children！

－ ぜひ、読んでほしい！おすすめの英語絵本リスト －

1）動物が登場する絵本

	タイトル（日本語訳）	作者（翻訳者）	出版社
1	From Head to Toe（できるかな？あたまからつまさきまで）	Eric Carle （くどうなおこ）	HarperCollins Publishers（偕成社）
2	GOODNIGHT MOON（おやすみなさい おつきさま）	Margaret Wise Brown & Clement Hurd（瀬田貞二）	HarperCollins Publishers（評論社）
3	I am a Bunny（うさぎのニコラス）	Ole Risom & Richard Scarry（木坂涼）	Golden Books（好学社）
4	Swimmy（スイミー）	Leo Lionni（谷川俊太郎）	Alfred A. Knopf New York（好学社）

2）食べ物に関連した絵本（英語原書）

	タイトル	作者	出版社
1	The Very Hungry Caterpillar（はらぺこあおむし）	Eric Carle （もり ひさし）	Penguin（偕成社）
2	Today Is Monday（月ようびはなにたべる？）	Eric Carle （もり ひさし）	Penguin（偕成社）
3	The Carrot Seed（にんじんのたね）	Ruth Krauss （おしお たかし）	HarperCollins Publishers(こぐま社)
4	It's My Birthday（ケーキがやけたら、ね）	Helen Oxenbury （せな あいこ）	Candlewick Press（児童図書館・絵本の部屋）

3）色に関連した絵本（英語原書）

	タイトル	作者	出版社
1	Little blue and little yellow（あおくんときいろちゃん）	Leo Lionni（藤田圭雄）	Alfred A. Knopf New York（至光社）
2	A color of his own（じぶんだけのいろ）	Leo Lionni（谷川俊太郎）	Alfred A. Knopf New York（好学社）
3	Brown Bear、Brown Bear、What Do You See?（くまさん くまさん なにみてるの？）	Bill Martin & Eric Carle（偕成社編集部）	Henry Holt and Company（偕成社）
4	Freight Train（はしれ！かもつたちのぎょうれつ）	Donald Crews （たむら りゅういち）	Greenwillow Books（評論社）

【ワーク 3－1】紹介した絵本リスト以外にも、数多くの英語絵本がありますので、5 点ほど探してみましょう。また、その中から 1 つの英語絵本を取り上げ、友達の前で読んでみましょう。

【参考文献】
・木戸美幸・蓑川惠理子・Brooke Suzuki（2017）『絵本で楽しく幼児と小学生のための英語』大阪教育図書

3. 紙芝居の読み聞かせ

　紙芝居は、紙に描かれた画面を 1 枚ずつ抜きながら演じる日本独特の児童文化財です。文字通り"紙のお芝居"であり、演者は画面の裏側にあるセリフやナレーションの書いてある脚本や解説文をもとに演じていきます。紙芝居は集団に見せることを設定して作られている為、観客にはっきり分かる絵で描かれています。紙芝居の種類を大別すると、お話を聞く事が中心の物語完結型と観客とやり取りしながら進める観客参加型があります。内容は、①創作話、②生活・安全指導、③行事、④日本・外国の昔話、⑤知識（自然・科学）など多岐にわたります。低年齢児向けはおおむね 8 場面。年齢が上がると 12 場面、16 場面、上下巻のものもあります。紙芝居は"芝居"という特性により、演者と観客と一体となって楽しさを味わうことができ、保育者や友達への親しみやつながりを感じる心が育まれていきます。また、画面を引き抜いて進める簡易な構造であるため、子どもが気楽に作って演じることもできます。創造する楽しさや演じる楽しさなど豊かな表現にもつなげていきたいものです。

　紙芝居の作品を選ぶ際は、子どもの発達や興味・関心、季節や行事を考慮して選びましょう。また、作品の魅力をしっかりと伝える為には、登場人物はどのような性格か？この作品の山場はどこか？など脚本と画の両方を見て、作品の内容を十分把握することが大切です。せりふ下の演出ノートをよく読み、声に出して演じたり、鏡の前で抜き方を練習したりして、効果的に演じる研究をしましょう。その際、声（高低、緩急、強弱、明暗）・間（場面転換、ドラマを活かす、期待させる）・抜き（ゆっくり抜く、さっと抜く）に留意しましょう。声は高低、緩急、強弱、明暗を意識するだけでキャラクターに変化をもたらすことができます。演じる際は、紙芝居に集中しやすい場所を背にし（人が通らない場所、掲示物が少ない場所）、聞き手全員が見えるかどうか舞台の位置や紙芝居を持つ高さ等を考えましょう。高さは観客の頭より少し高めが見易い高さです。落ち着かない場合には手遊び等で注目できるようにしたり、紙芝居の内容に興味が持てる言葉を用意してみましょう。紙芝居の舞台の使用は、紙芝居の世界へと子どもの心を誘う効果を高めます。基本的には、向かって右側（引き抜く側）に顔を出して演じます。紙芝居の後ろに顔が隠れないように演じましょう。声が通りやすいことはもちろん、紙芝居は"紙のお芝居"なので、表現豊かに演じる演者が見えることで作品の魅力が生かされます。"芝居"なので、最後は表紙に戻らず終わります。

【参考文献】
・子どもの文化研究所編(2011)『紙芝居—子ども・文化・保育　心を育てる理論と実演・実作の指導』一声社
・まついのりこ(1998)『紙芝居・共感のよろこび』童心社

ー ぜひ、読んでほしい！おすすめの紙芝居 ー

1) 低年齢児におすすめの紙芝居

	タイトル	脚本・画・翻訳	出版社	おすすめポイント
1	おむすびくん	とよたかずひこ	童心社	白いおむすびくんが梅干しおむすびに変身していく姿が楽しい紙芝居です。
2	まてまてまてー	脚本;宮崎二美枝 画;いちかわなつこ	童心社	色々なものをまてまてまてーするバブちゃん。最後はパパがバブちゃんをギュッとします。
3	おいしいとびらを とんとんとん	土田義晴	童心社	みんなで「とんとんとん」と叩いて美味しい食べ物を出すのが楽しい紙芝居です。
4	パンダさんパンダさん なにしている？	とよたかずひこ	童心社	パンダさんの仕草や表情にほっこりします。オノマトペも楽しい紙芝居です。
5	ごしごしごし	とよたかずひこ	童心社	歯ブラシって何するの？歯ブラシやはみがきが楽しくなる紙芝居です。
6	こねこのしろちゃん	堀尾青史	童心社	兄弟と同じ黒いねこになろうと頑張るしろちゃん。最後の場面にほっこりします。

2) 観客参加型のおすすめ紙芝居

	タイトル	脚本・画・翻訳	出版社	おすすめポイント
1	なんではしってるの？	長野ヒデ子	童心社	なんではしっているのかな？みんなで発想を言い合いながら進むと楽しい紙芝居です。
2	ひもかとおもったら	古川タク	教育 画劇	場面を半分ひいて見える一部分で当てっこする紙芝居。意外な展開に盛り上がります。
3	おはいんなさい	さいとうしのぶ	童心社	大縄に入る色々な食べ物が合体すると何になる？みんなで当てると楽しい紙芝居です。
4	かくれんぼ	瀬名恵子	童心社	くだものさんのかくれんぼ。みんなで探しながら演じると楽しい紙芝居です。
5	ポッチィは くいんしんぼう	木村祐一	教育 画劇	食べ物に見えたのに、画面を抜くと・・・。意外性が楽しい穴あきしかけ紙芝居です。
6	まんまるまんま たんたかたん	脚本;荒木文子 画;久住卓也	童心社	ちびっこ忍者を応援して進む紙芝居。みんなで手を叩く一体感が楽しいです。

3) 物語完結型のおすすめ紙芝居

	タイトル	脚本・画・翻訳	出版社	おすすめポイント
創作	おたまじゃくしの101 ちゃん	脚本;かこさとし 画;仲川道子	童心社	101匹の兄弟はいつも大騒ぎ。ある日、101ちゃんが迷子になり・・・。春に読みたい紙芝居です。
創作	ロールパンの ろうるさん	小山友子	教育 画劇	パン屋のろうるさんの優しさに温かい気持ちになります。パンもおいしそうです。
生活	おうさまさぶちゃん	脚本;千世まゆ子 画;土田義晴	童心社	「自分のことは自分でできるようにしたい」と思うきっかけになる作品です。
安全	かめくんだいじょうぶ？	仲川道子	童心社	くまちゃんが友達とおすもうをしていると地震が！地震が起こった時の注意点が楽しく分かる紙芝居です。
知識	「あさがおアパート」	脚本;清水えみ子 画;久保雅勇／画	童心社	あさがおをユーモラスに擬人化しており、生長や栽培を楽しく知ることができます。
知識	「ありのぼうけん」	脚本;堀尾青史画; 宮下森	童心社	ありが食べ物を運んでいるとどろぼうありがやってきて・・・。ありの生態が楽しく分かる紙芝居です。
民話	たべられたやまんば	脚本;松谷みよ子 画;二俣英五郎	童心社	日本民話「さんまいのおふだ」のお話。やまんばに追われる緊張感が楽しいです。
民話	あひるのおうさま	脚本;堀尾青史 画;田島征三	童心社	フランス民話。王様からお金を返してもらおうとアヒルが知恵を絞ります。ユーモラスなお話と力強い画のコラボレーションが魅力です。

4. 素話（すばなし）

　素話とは、東京子ども図書館のホームページをみると、「昔話などの物語を、語り手がすっかり覚えて自分のものとし、本を見ないで語るもので、ストーリーテリングとも呼ばれている」と書かれています。素話では、話し手は絵や人形といった「もの」を何も使わないで、聞き手に対して語りと豊かな顔の表情、若干の身振り手振りだけでお話を伝えます。

　絵本や紙芝居を使わず、話を覚えて子どもの前で披露すると思うと、「話を覚えられるのかな？」や「話の途中で言葉につまったらどうしよう」など、色々と心配になるかもしれません。まずは、昔話などの誰もが知っている物語（ももたろう、はなさかじいさん、つるのおんがえし、など）から自分の好きな話を選びましょう。基本的には、キャラクターの名前とストーリーの流れを頭に入れて、言い回しなどはアドリブでも大丈夫です。

　素話をする際のポイントは、①ゆっくりと声に強弱をつけて話すこと、②身振り・手振りは控えめにすること、③間の取り方に気を付けること、④顔の表情を豊かにすることです。素話は、語り手の声と表情によって、物語の世界へと聞き手を誘っていくため、身振り・手振りが大げさすぎると、子どもの集中力を削いでしまいます。また、声のトーンや話し方は重要です。登場人物によって、声のトーンを変えたり、話し方では、楽しい時には弾むような声で、悲しい時には、しんみりとした声で、急展開する場面やにぎやかな場面では、声を大きくしてダイナミックな演出も必要です。色々と試してみましょう。

　また、長年、乳幼児教育に携わってこられた吉備国際大学の講師・藤井伊津子氏は、「年老いた人が人生の最後を迎えた時、昔話の語り言葉がぽつりと口から出たといわれるように、身近な大人やきょうだいなどから直にお話や歌を聞いて育つと、その体験は困ったときや悲しいときに思い出され、時間を超えて励ましや癒しの声となり、元気や勇気を取り戻す力になることがあります。自分のために語りかけられる言葉を耳で聞き想像する楽しさと、語り手とともに同じ場を共有する温もりは、子どもに心地よい体験として根づき、自分が愛されているという自己肯定感を育む力にもつながるといえるでしょう」とおっしゃっていました。乳幼児期に素話を楽しむことは、特に集中して聞く力や想像力、人とつながる力を育むことができると考えられます。子ども達に皆さんの声で直に語り、「楽しかった」と感じてもらえる素話を届けていきましょう。

【ワーク3−2】自分の好きな物語を覚え、友達の前で素話をしてみましょう。

【参考文献】
・東京子ども図書館編（1973−2023）『おはなしのろうそく1−33』東京子ども図書館
・松岡享子（1994）『たのしいお話　お話を子どもに』日本エディタースクール出版部

5. 創作素話

　　創作素話とは、自分で創ったお話を子ども達に聞かせるものです。「話を自分で創るなんて、なんだか難しそう・・・」と思うかもしれませんが、意外と簡単にできます。まずは、保育士養成課程の学生が授業中につくった創作素話を読んでみましょう。

テーマ：もものモモちゃんのコロコロ旅

　　もものモモちゃんは、まぁるい桃山に住んでいました。ある日、モモちゃんは、向こうの方に大きなとんがったお山があることに気付きました。「あのとんがったお山には、何があるんだろう？」と思ったモモちゃんは、旅に出ることにしました。

　　モモちゃんは丸かったので、コロコロコロ〜っと転がりながら、とんがったお山を目指しました。すると、目の前に川があり、ボチャン！とはまって流されてしまいました。「たーすーけーてー！」とさけぶと、キツネさんが出てきて、助けてくれました。

　　キツネさんは、モモちゃんに、「だいじょうぶ？どこかに行く途中だったの？」と聞きました。モモちゃんは、「うん。とんがったお山に行ってみたかったの」といい、お山の方向に指を指そうとしたら・・・、お山がどこにも見当たりません。モモちゃんは、迷子になってしまいました。

　　迷子になったモモちゃんは、えーんえーんと泣いています。キツネさんは、心配になって、「ぼくもいっしょに探してあげるよ」と言いました。けれども、もうすぐ夕方で夜が近づいてきています。モモちゃんは、「おうちに帰りたいよ」とキツネさんに言い、まぁるい桃山に帰ることにしました。キツネさんは、モモちゃんを背中におぶって、あっちのお山、こっちのお山へと桃山を探します。あっちのお山は、三角お山。こっちのお山は、四角のお山。そっちのお山は、お星様のお山！なかなかまぁるい桃山が見つかりません。夜になって、まん丸お月様が見えはじめた頃、「あっ！」とモモちゃんは言いました。「あそこに、桃山がある！」大喜びで、キツネさんと一緒にまぁるい桃山に登っていきました。登ると、そこには、お父さんとお母さんが待っていました。

　　では、みなさんも実際にお話を創ってみましょう。以下がお話を創る際のポイントです。

---

①キャラクターの設定：自分の好きな野菜や果物、動物を思い浮かべてください。

②フィールドの設定：選んだキャラクターを、山や川、宇宙など、好きな場所に旅に出させます。

③テーマの設定：旅の目的を決めます。何かを探す、何かを取り戻しに行く等の目的です。

④困難の設定：目的を達成する過程において、何かとトラブルに遭遇する、何かを見付けるという行動を取り入れてください。

⑤結論の設定：トラブル等を乗り越え、目的を果たしてください。

　　創作素話のポイントをおさえて話しをつくれば、簡単に物語を創ることができます。また、大塚英志氏の『ストーリーメーカー　創作のための物語論』は、もう少し複雑なお話を創りたいときに参考になります。30 項目の質問事項があり、それに答えるだけで、主人公のキャラクター設定や物語の構造も組み立てられますので、試してみてください。

【ワーク 3 - 3】 400〜600 字程度の簡単な創作素話をつくり、友達と発表し合いましょう。

【参考文献】
・大塚英志（2013）『ストーリーメーカー　創作のための物語論』星海社新書

6. 手あそび

　手あそびは、歌に合わせて手や指を使って動作を楽しむ遊びで、『現代保育用語辞典』によると、「音楽遊びの一部分であり、わらべうたの中にも多くある。しかし、伝承的なものだけでなく、『創作手遊び指遊び』も続出している。この遊びは、歌いながら手や指を動かして遊ぶ遊びで、場所を選ばず、どんな狭い空間でも行うことができ、リズム感も育つ」と書かれています。

　手あそびには、生活習慣の定着を図るものが多数あります。たとえば、昼食前後に歌う「おべんとうのうた」や「はみがきのうた」などで、生活習慣に沿った言葉と動きをともなうものです。星原ら(2015)は、手あそびを①生産活動がもりこまれた手遊び、②文化的要素を含む手遊び、③人間固有の感情や情緒を表現する手遊び、④比較的新しい成り立ちの手遊びの 4 つの観点から整理しています。①生産活動がもりこまれた手遊びでは、「靴屋のおじさん」(別名:いとまきのうた、デンマークの遊び歌)があります。日本語の歌詞の場合、〈いとまきまき　いとまきまき　ひいて　ひいて　とんとんとん〉の部分にて、糸を巻く動き、糸を引いて手をたたくといった生産活動を表現しています。②文化的要素を含む手遊びでは、「山小屋いっけん」(アメリカ民謡)があります。山小屋に住んでいるおじいさんとかわいいウサギが出てきて、猟師の鉄砲に怯えたウサギを助けるという物語になっています。山小屋と猟師の鉄砲という表現がでてくるので、日本文化の中ではあまりなじみがないかもしれませんが、狩猟が主な生産活動であった時代の生活を反映した歌詞になっていることがわかります。③人間固有の感情や情緒を表現する手遊びでは、「げんこつやまのたぬきさん」があります。この手あそびでは、子狸の様子を模倣しながら、人間としての自分の成長も実感することができます。〈だっこして　おんぶして〉の部分は、人間に見られる愛情表現の一つともいえる行動です。④比較的新しい成り立ちの手あそびには、「やきいもグーチーパー」や「1 丁目のドラネコ」、「いっぽんばしにほんばし」があります。これらは、単純なリズムや音階、歌詞で表現されたもの、手指の動きを重視したものなど、保育現場でアレンジしやすい内容となっています。

　手あそびは、簡単に覚えることができるため、乳児期から何度も繰り返し遊ぶことができます。見立てたり、色々なことを想像しながらでき、慣れてきたら自分なりにさまざまにアレンジ(例:トントントントンこぶじいさん、等)をして楽しむこともできます。手あそびは、乳幼児期の心身の発達を促すことのできる表現あそびだといえます。

【参考文献】
・岡田正章他編(1997)『現代保育用語辞典』フレーベル館
・星原薫・佐藤史人(2015)「幼児教育における「手遊び」の教育目的および教育効果に関する研究」和歌山大学
　教育学部紀要 65、pp.91-100

ー ぜひ、覚えてほしい！おすすめの手あそびリスト ー

1）0、1歳頃（ゆっくり歌いかけ、優しく触れ合いましょう）

	タイトル		タイトル
1	いない いない ばあ	4	ちょち ちょち あわわ
2	にんどころ	5	ゆらゆらタンタン
3	にんぎ にんぎ	6	あがりめ さがりめ

2）2、3歳ころ（歌詞と身振りをわかりやすく表現しましょう）

	タイトル		タイトル
1	いとまき	4	おおきなたいこ
2	むすんでひらいて	5	げんこつ山のたぬきさん
3	こぶたぬきつねこ	6	おはなしゆびさん

3）4、5歳ころ（物語を楽しみながら表現しましょう）

	タイトル		タイトル
1	グーチョキパーでなにつくろう	4	5つのメロンパン
2	おてらのおしょうさん	5	たまごでおりょうり
3	1丁目のドラねこ	6	かなづちトントン

4）春の季節に楽しみたい手遊び

	タイトル		タイトル
1	あくしゅでこんにちは	4	どのたけのこが
2	ちいさなにわ	5	ちっちゃないちご
3	キャベツのなかから	6	ピクニック

5）夏の季節に楽しみたい手遊び

	タイトル		タイトル
1	さかながはねて	4	茶つみ
2	すいちゅうメガネ	5	カレーライスのうた
3	ぞうさんとくものす	6	すいかのめいさんち

6）秋の季節に楽しみたい手遊び

	タイトル		タイトル
1	おはぎのよめいり	4	やまのおんがくか
2	やきいもグーチーパー	5	バスごっこ
3	どんぐりころころ	6	十五夜さんのもちつき

7）冬の季節に楽しみたい手遊び

	タイトル		タイトル
1	おせんべやけたかな	4	おしくらまんじゅう
2	もちつき	5	コンコンクシャンのうた
3	ごんべさんのあかちゃん	6	おにのパンツ

8）生活の中で楽しみたい手遊び

	タイトル		タイトル
1	はじまるよ はじまるよ	4	おべんとうばこのうた
2	おててをあらいましょ	5	おおきなくりの木のしたで
3	おむねをはりましょ	6	しあわせなら手をたたこう

【参考文献】
・阿部直美（2016）『保育で役立つ！0～5歳児の手あそび・うたあそび』ナツメ社
・植田光子（2006）『手あそび百科』ひかりのくに
・品川浩三・吉本澄子（1981）『手のはたらきと指あそび』佐々木印刷出版部

7. パネルシアター

　パネルシアターは、特殊な布を巻いたパネルボードの上に、P ペーパーと呼ばれる不織布で作った絵人形を置き、それを貼ったり、はがしたり、動かしたりしながら展開する人形劇のことです。パネルシアターは、1973 年に僧侶の古宇田亮順さんが考案したことから始まります。考案されてから 50 年が経過した今でも、保育現場で活用され続けている魅力のある教材です。パネルシアターの魅力については、古宇田ら（2009）が「見る・演じる・つくる」立場から、以下のようにまとめています。

表3-1　パネルシアターの「見る・演じる・つくる」3 つの立場からの魅力

見る立場	①布地のパネルという素材のやわらかさ、やさしさの上で展開される安心感。 ②保育者の明るい表情に接しながら味わう喜び。 ③絵が貼りつき、その絵が自由に動く楽しさ。 ④絵や演技に助けられ、声をそろえてうたえる喜び。 ⑤一瞬の変化や意外性のある展開を通して、驚きや不思議な世界を味わう喜び。 ⑥未知の世界、楽しい話、勇気ややさしさの話に触れ、心や気持ちが豊かになる。 ⑦絵の展開に触発されて、みんなと一緒に手遊びを楽しめる。 ⑧クイズやゲームを通して応答できる喜び。 ⑨絵を貼らせてもらったり、見た作品を劇遊び等にして楽しめる。
演じる立場	①絵があるから素手でお話するよりも気軽にできる。自分の緊張した顔よりも、手にもった絵人形のほうに観客の目が向けられ、自然体で話しやすい。 ②相手の表情を見ながら、話の早さ、アドリブ等を生かせて個性的に話せる。 ③絵を動かすことができるので、位置の交換や組み合わせ、裏返し等、手軽に自由に演じられる。 ④1 人でも多人数でも楽しみながら演じられる。 ⑤ピアノ、アコーディオン、ギター、キーボード等、楽しい音楽と合わせて行う心地よさがもてる。 ⑥観客の喜ぶ姿を直接受け止めて行えるので余計に楽しみが増える。 ⑦舞台設備が比較的簡単なのでどこででもできる。 ⑧絵、音楽、演技があるので言葉の壁を超えて、国際交流の場でも楽しめる。
つくる立場	①絵を描いて切り抜けば貼れるので、簡単な作品はすぐにつくりたくなる。 ②思いついたアイディアをお話・歌・ゲーム等に生かせる楽しみ。 ③絵の配置や操作方法の楽しさを考え、作品が生み出す喜びへの期待がもてる。 ④絵を描く、着色する等の作業から学ぶ作画表現の喜び。 ⑤P ペーパーの丈夫さから、絵が破けにくく、つくったものは何年でも使用できる。

〔出典：古宇田亮順・松家まきこ・藤田佳子（2009）『実習に役立つパネルシアターハンドブック』萌文書林、pp.10-11〕

　パネルシアターを演じる際には、いくつかのポイントがあります。まず、ステージは、子どもの目の高さにあわせてつくりましょう。次に、パネルに絵人形を貼るため、子どもをややパネルから離れた位置に座らせます。P ペーパーで作られた絵人形は、滑り落ちることがあるので、ボードをやや傾けて設置すること、また、冷暖房など風が当たるところには設置しないように気を付けましょう。絵人形を貼るときは、パネルの前に出て演じます。人形を貼り、振り返り、

子ども達の反応を見ながら進めることがコツです。

　石井ら(2009)は、パネルシアターの保育現場等で活用する際の有効性について、「コミュニケーションツールとしての双方向性、視覚・聴覚・身体を総合的に使って楽しむメディアであること、シアターとしてのパフォーマンスや機能性、演劇の効果を持つ面白さから子どもの集中力を生み出すことが可能である」と述べています。パネルシアターは、ただ楽しい人形劇というだけではなく、子どもの集中力や観察力を養い、表現意欲もかき立てることができる魅力あふれる教材です。みなさんも、見て、演じて、つくっての3つの魅力を味わってください。

― ぜひ、遊んでほしい！パネルシアターの紹介リスト ―

	題材
むかしばなし ― 物語を味わう	おおきなかぶ、あかずきん、三びきのこぶた、おむすびころりん、ももたろう、北風と太陽、三びきのやぎのがらがらどん、金のがちょう
童謡・遊び歌 ― リズムと歌を楽しむ	バスにのって、おべんとうばこのうた、こいのぼり、はたらくくるま、はたけのポルカ、うれしひなまつり、こぶたぬきつねこ、いぬのおまわりさん、どんぐりころころ
原作絵本 ― 社会性を育む	にじいろのさかな、もったいないばあさん、ママがおばけになっちゃった、あかいりんご、スイミー

【ワーク3-4】パネルシアターとして作ってみたいお話を5点ほど探し、作ってみたい理由について友達と共有しましょう。そして、その中から1作品を選び、実際に作って演じてみましょう。

【参考文献】
・阿部直美(2016)『保育で役立つ！0〜5歳児の手あそび・うたあそび』ナツメ社
・石井光恵・澤村明子・太田徳子(2009)「『生活』の授業にパネルシアターを導入する試み」日本女子大学紀要
　家政学部第56号、pp.9-16
・植田光子(2006)『手あそび百科』ひかりのくに
・品川浩三・吉本澄子(1981)『手のはたらきと指あそび』佐々木印刷出版部
・古宇田亮順・松家まきこ・藤田佳子(2009)『実習に役立つパネルシアターハンドブック』萌文書林、pp.10-11

8. エプロンシアター®

　エプロンシアターは、「エプロンシアター®」と表記し、中谷真弓さんが考案しました。胸当て式エプロンを舞台ととらえ、ポケットから人形を取り出して演じる人形劇です。マジックテープのついた人形をエプロンにつけたり・はずしたり、ポケットに戻したりしながらお話をします。ポケットから人形が出てくる様子は、物語に視覚的効果を与えることができるように工夫されているといえます。舞台は演じ手の体ですので、自由自在に演じながら、表情豊かに演じることができることも特徴です。以下は、乳幼児教育研究所の中谷真弓さんがホームページ上で公開しているエプロンシアター®の4つの特徴です。　　　　　　　（※エプロンシアターは登録商標です。）

---

1. 演じ手が見えている

　演じ手が見えているということは、観客である子ども達から、いつもの大好きな先生が見えているということです。顔もはっきり見えていますので、子ども達は安心感を得、物語に集中することができます。さらに、対面していますので、反応に素早く応じ、場面を盛り上げることができます。時には、一緒に歌い、会話をし、子ども達を積極的に物語の中に参加させることができます。

2. 演じ手そのものが物語である

　演じ手は、舞台であり、ナレーターであり、登場人物でもあります。つまり、演じ手そのものが物語です。演じ手の豊かな表情や動作が人形劇を支えます。物語をエプロン上の小さな世界から、臨場感あふれる等身大の表現をすることで、子ども達の想像力を高めます。

3. ポケットをはじめとした「しかけ」がある

　エプロンのポケットから次々と登場人物が飛び出してくることで、子ども達の驚きと興味を引き起こします。さらに、布素材の特性を活かした様々な「しかけ」は何度でも子ども達を楽しませることができます。また、布は加工がしやすく、布の持つあたたかい、柔らかい材質感は子ども達に好まれ、触れても安全です。

4. ひとつの作品をくり返し演じることができる

　ひとつの同じ作品をくり返し演じても、子ども達を楽しませることができます。子ども達の反応に合わせ、くり返しのせりふや挿入歌で子ども達の参加を少しずつ促し、同じ作品を何度も演じることで、子ども達は物語をより深く理解することができます。そのうち、自然に登場人物のせりふや挿入歌をまねするようになります。そこから劇あそびへ発展させることもできます。

〔出典:エプロンシアター®の4つの特徴:http://www.nyuyoken.com/pm/?page_id=16（2023/5/18 閲覧）〕

　子どもがエプロンシアターや前述したパネルシアターに興味を示す理由として、熊田(2010)は、「幼児が人形を擬人化し、想像的同一化をして物語の世界に入り込むといった経験をしながら、一種の生活経験をしているからであると考えられる。したがって、人形劇は、演劇の鑑賞力や創造力を養うだけでなく、生活経験を拡大することのできる総合的経験であると考えることができる」(p.58)と述べています。

　演じ方ですが、エプロンをかけたあなたが物語そのものであ

るという意識をもって、演じる前の準備や練習は入念に行っておきましょう。乳幼児教育研究所のホームページには、数多くのエプロンシアターが掲載されていますので、ぜひ、以下のURLを参考にしてください。

---

1. 演じる前の準備はきちんとすること

・エプロンは、胸高に、脇のひもはゆるめにします。
　⇒エプロンの舞台が大きく見えます。
・「しかけ」や登場人物は、取り出す位置にきちんと
　セットします。⇒なめらかにお話が進められます。

---

2. 顔をあげ豊かな表情をみせましょう

・ポケットから人形を登場させたら、すぐ顔を上げま
　しょう。⇒豊かな表情は、登場人物そのものの表現
　です。また、観客である子ども達の反応をよく
　見て、臨機応変に受け入れましょう。

---

3. 人形は子ども達に向けましょう

・登場させた人形は、子ども達によく見せてあげま
　しょう。⇒小刻みで速い動きではよく見えません。
　ゆっくり大きめに動かしましょう。観客が多い場合
　は、左右に向いてよく見えるようにしましょう。
・人形同士の会話であっても、人形の顔はいつも
　子ども達に向けましょう。

---

4. からだ全体で演じましょう

・登場人物はあなたです。動作をゆっくり大きめに
　して、からだ全体で演じましょう。⇒エプロン上の
　小さな世界から飛び出しましょう。単なる人形劇から
　舞台劇に変わる醍醐味をあなたも楽しみましょう。

〔出典：エプロンシアター®の４つの特徴：http://www.nyuyoken.com/pm/?page_id=32（2023/5/18 閲覧）〕

【ワーク３−５】エプロン人形劇として作ってみたいお話を５点ほど探し、作ってみたい理由について友達と共有しましょう。そして、その中から１作品を選び、実際に作って演じてみましょう。

【参考文献】
・熊田武司（2010）「保育士におけるパネルシアターおよびエプロンシアターの実践について」岐阜聖徳学園
　大学短期大学部紀要 42、pp.57-67
・中谷真弓（1989）「幼児教育におけるエプロンシアターの意義」武蔵野短期大学研究紀要第４輯、pp.135-144
【参考ホームページ】
・乳幼児教育研究所　http://www.nyuyoken.com/pm/?page_id=16

9. ペープサート

　ペープサートは、紙人形劇のことです。ペープサートという言葉は和製英語で、正しい英語の表記は「ペーパーパペットシアター」(paper puppet theater)となります。日本で生まれた人形劇の一種で、江戸時代からあった「立絵」(写し絵)を永柴孝堂さんが改良したものが現在のペープサートになります。画用紙 2 枚に表裏対称となるように絵を描き、操作棒と呼ばれる割りばしなどの細長い棒に画用紙を貼り合わせて紙人形を作成し、人形を移動させたり、反転させたりしながらお話を進めていきます。

　ペープサートは、画用紙とペン、わりばし(持ち手になるもの)、はさみ、のり、セロハンテープがあれば簡単に作ることができます。画用紙の大きさは、大人の手のひらサイズ(約 20 ㎝程度)で作成し、絵を黒いペンで縁取りしておくと、見えやすいです。演じ方のポイントとして、①ペープサートが 2 点以上ある場合は、発泡スチロールなどにさして立てられるようにしておくこと、②子どもに問いかけたり、クイズを出すなどして対話形式にすること、③演じる時は、メリハリのある声や動きをすることです。子どもはペープサートが出てきた瞬間に、興味・関心をすぐにもちます。0、1、2 歳児は、楽しみながら想像力を育てるきっかけを作ること、3 歳児以上は、知識や言葉を増やすことを目的として行うとよいです。また、八幡(2021)は、ペープサートの保育における有効性として、「ペープサートは、絵人形を動きや入れ替わり、表裏の絵の違いのおもしろさや不思議さが子どもの興味を引きつける。子ども達は保育者の実演を見ることによって、登場人物に共感したり感動したりすることで想像の世界を楽しむことができる。また、子ども達の発言を取り上げたりする等の対話を大切にすることにより、コミュニケーションを図ることができ、子どもの言葉の育ちが深まると考えられる。」(p.290)と述べています。上手く演じるには技術が必要になりますので、繰り返し練習をして、子ども達と共に楽しんでください。

【ワーク3−6】クイズ形式のペープサートを考えて、実際に作って実際に演じてみましょう。

【参考文献】
・八幡眞由美(2021)「子どもの豊かな言葉を育む児童文化財の活用に関する研究」国立音楽大学研究紀要 56、pp.289−291
・永柴孝堂(1957)『ペープサート脚本集−新しい保育材としての人形劇』ひかりのくに昭和出版

10. 劇あそび

　子ども達は、ごっこ遊びの中で身近な人の模倣をしてみることや自分以外の何かの役割になりきって遊ぶことが大好きです。段ボールをテーブルやタンスなどの家具に見立てたり、積み木を野菜に見立ててお皿に並べるなど、ごっこ遊びのストーリーに合わせて想像力を働かせながら楽しむ姿がよく見られます。そのような「模倣する」「イメージする」といった劇遊びは、子ども達が夢中になれる遊びの一つです。劇遊びには、以下の特徴があります。

> 1. 友だちと一緒に楽しみながら、役割を表現できます。
> 2. 劇を完成させるという目標に向かって取り組み、友だちと喜びを共有できます。
> 3. 絵本に登場する人物になりきり、ストーリーを展開する楽しさを味わいます。
> 4. 物語や絵本のストーリーに親しみを感じます。

　劇あそびと聞くと、保育者が子どもに台詞を覚えさせたり、小道具を準備したりする必要があると考えるかもしれませんが、心配無用です。劇あそびは特別な遊びではなく、普段のごっこ遊びから劇遊びへとスムーズに移行させて楽しむことができる遊びです。劇遊びを日々の保育活動の中で展開する場合は、いくつかのポイントがあります。

　まず、普段から動物や乗り物などになりきるごっこ遊びを取り入れ、子どもがイメージをして動くことに慣れておきます。また、音楽に合わせて人や動物の気持ちや様子を表現したり、風や雨、太陽など自然物を表現したりする機会があると、子ども達が演じる楽しさを知る第一歩になります。次に、劇あそびに使いたいと思う絵本を子ども達に読み聞かせし、ストーリーを楽しみ、登場人物の真似をして想像力をふくらませたり、お話と関連する手遊びをするなどして、物語に慣れ親しみます。絵本を選ぶときには、子どもの年齢に合わせて、起承転結がはっきりしていたり、物語の内容が理解しやすい題材を選択しましょう。最後に、物語の中で使われている衣装や道具を子ども達と一緒に作り、それを用いて演じて遊びます。演じることで、登場人物に愛着が湧き、子どもの主体性を大切にした劇遊びができるようになります。また、台詞に関してですが、子どもに一言一句、台詞を覚えさせる必要はありません。簡単な言葉で言い換えたり、子どもなりの言語表現を尊重し、そのまま使いましょう。そして、登場人物になりきって台詞を言うことに慣れてきたら、ダンスを踊ったり、歌をうたったりする場面を加えると、ミュージカルのような楽しみも味わえます。その際には、子どもの得意な面を把握し、一人ひとりの子どもの頑張りが発揮できるよう工夫をすると、子どもの自信にもつながります。

　劇あそびをする中で、話の流れをどのように展開すればよいだろうかと悩んだ場合、子ども達の発想を柔軟に取り入れてみましょう。4、5 歳児であれば、ストーリーを読み聞かせながら、

「この時、〇〇（登場人物）はどんなことを思っていたのかな？」と子ども達に問いかけて反応を見たり、子ども達の発想を参考にするのも一つの方法です。子ども達の自由な発想を取り入れ、「やってみたい！」という気持ちを引き出すことで、さらに想像力を膨らませることができます。また、物語の構成上、登場人物のセリフの多い・少ない、子どもが希望する役に偏りがある、配役をめぐってトラブルになる、登場人物の数と子どもの数の調整が必要になることなどがあります。その場合は、物語の内容にこだわらず、登場人物の数を変更したり、複数の子ども達で演じるなどして配役の任数を自由に決めたり、また、登場人物の役割を増やすなどして臨機応変に対応しましょう。

－ ぜひ、遊んでほしい！劇あそびの紹介リスト －

年齢	タイトル
2 歳児 日常生活の遊びの延長で楽しい題材を選ぶ	ころころたまご、おべんとうバス、やまのおんがくか、三びきのこぶた、のせてのせて
3 歳児 簡単な構成の物語を題材にする	おおきなかぶ、おおかみと七ひきのこやぎ、はらぺこあおむし、まこちゃんのおたんじょうび、おいもをどうぞ
4 歳児 童話や物語を題材とし、長いセリフに挑戦する	きたかぜとたいよう、さるかに合戦、てぶくろ、かさじぞう、こびとのくつや、のんびりきかんしゃポーくんとサーカス
5 歳児 複雑に展開する物語に挑戦する	ありとキリギリス、おむすびころりん、ももたろう、ブレーメンの音楽隊、不思議の国のアリス、長靴をはいた猫、どうぞのいす、三びきのやぎのがらがらどん、11 ぴきのねことあほうどり

【ワーク 3－7】上記の劇あそびの紹介リストの中から、劇のタイトルを 1 つ選び、台本を作ってみましょう。自分たちが作った台本を活用して、グループで劇あそびに挑戦してみましょう。

【参考文献】
・井上明美（2014）『みんなが主役の劇あそび』自由現代社
・河合礼子（2012）『0〜5 歳児の劇あそび むかしばなしで発表会－オペレッタ＆アクトリズム　CD 付き』学研プラス
・劇あそび・保育研究所（2011）『0〜5 歳児の劇あそび脚本ベストセレクション』ナツメ社
・島津多美子（2019）『ふだんの遊び＆絵本から広がる！0・1・2 歳児の劇あそび』ひかりのくに
・全国保育問題協議会（2021）『文字で育ちあう子ども達：絵本・あそび・劇』新読書社
・永井裕美（2014）『子どもとつくろう！ワクワク劇遊び：ウルトラ CD つき 0〜5 歳児』ひかりのくに
・藤本ともひこ、中川ひろたか（2010）『劇あそびミュージカル』ハッピーオウル社

レッスン4 音楽あそび

1. 楽器あそび1 ―鈴

　保育現場でよく目にする鈴ですが、実は色々な種類があります。最もよく見かけるのが、持ち手が赤や青のものでしょう。多くの子ども達は持ち手をつかんで鳴らします。それでも鳴るのですが、鈴を持った手の腕を、反対側の手で打つ方が良い音がします。楽しんでいる子ども達に無理に正しい鳴らし方を教える必要はありませんが、4、5歳の子ども達には、「この鳴らし方の方がきれいな音がするよ」と声をかけると、音の違いに気付くきっかけになります。

　鈴には他に、スレイベルという複数の鈴を一度に鳴らせるものがあります。別名「ジングルベル」といい、その音色からは、そりに乗っているサンタクロースを思い起こさせます。これは、鈴の方を下向きに持ち、持っている手を逆の手でトントンと叩くときれいな音がします。

　鈴を使った遊び方は、さまざまです。0歳の子どもでも、大人が近くでやさしく鳴らしてあげると、目で追ったり、手に取ろうとしたりすることがあります。2歳くらいまでの子ども達は、振って音がなるものが大好きなので、楽器というよりおもちゃ感覚で音を楽しむでしょう。3歳くらいになったら、好きな曲に合わせてリズミカルに鳴らしてみましょう。リズム遊びとして、他の打楽器と一緒に鳴らすと、金属と木の音の違いを楽しめます。リズムに合わせてシャン、シャンと振ったり、効果音のようにシャラララ…と長く鳴らしてみたり、ひとつの楽器でいろいろな奏法を試すことができます。4、5歳の子ども達とは、鈴の音を効果的に使って遊んでみてください。「あわてんぼうのサンタクロース」などクリスマスの歌に合わせて、どこで鳴らすとより音が際立つか、みんなで考えてみましょう。木製の楽器や太鼓と違って、あまり大勢で鳴らすよりも、少ない人数で鳴らす方が音が目立つのではないか？など、子どもと話しながら遊べると良いですね。

写真4－1　鈴の持ち方　　　　　写真4－2　スレイベルの持ち方

2. 楽器あそび2　ータンブリン

　タンブリンも、保育現場でよく使われる楽器です。見た目がそっくりの仲間があり、周りの小さなシンバルがついていないものをハンドドラム、逆に太鼓が無く周りの鈴だけのものをモンキータンブリンといいます。タンブリンは太鼓の仲間です。どの太鼓にも共通することですが、楽器の中央をたたくよりも、少し外周よりをたたいた方が良い音がします。

　タンブリンを使った遊びもさまざまにありますが、子ども達が最も気軽にたたける太鼓として親しむ遊びがあります。たとえば、「おおきなたいこ」(小林純一作詞、中田喜直作曲)の歌に合わせて、「おおきなたいこ」のところでは強く、「ちいさなたいこ」のところでは指先を使って弱くたたいてみようなどと促すと、子ども達は、小さくても聞こえる音を出そうとたたき方を工夫します。

　また、2歳くらいまでの子どもに分かりやすいのは、たたくことを何か別のことにたとえることです。「まな板の上でお野菜を切るよ」と言い、タンブリンをまな板、手を包丁に見立ててトントンと見せると、小さい子は喜んで真似をします。このように促すと、床にタンブリンを置いてたたき始める子どももいます。タンブリン本来のたたき方とは違いますが、リズミカルにたたくということを最初から楽器で始めるよりも、知っているものに見立てて話すと分かりやすいのかもしれません。

　子ども達は意外なところに目をつけるもので、かごにタンブリンをいくつか縦に立てて片付けていたところ、小さいシンバルがたくさん並んでいるところを手でさわり、その音や感触を楽しんでいる2歳の子どもがいました。楽器としての正しい奏法でなくても、音や楽器の楽しさにふれる第一歩として、楽器のしまい方も工夫できることに気付いた出来事でした。

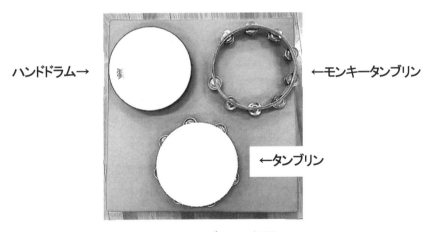

ハンドドラム→　　　　　　　　　　←モンキータンブリン

←タンブリン

写真4-3　タンブリンの仲間

3. 楽器あそび3 ー音板楽器系

音板楽器とは、簡単にいえば木琴や鉄琴など、並んだ音板をマレットでたたいて演奏する楽器のことです。曲を演奏しようとすると難しいですが、木琴に興味を持つ子どもはたくさんいます。いわゆる楽器としてではなく、おもちゃとしても販売されています。「振る」という動作についで、「たたく」ことも子どもが好む音の出し方といえるでしょう。

保育現場では、音板楽器で曲を演奏するというより、自由にたたかせることで音程や音質の違いに親しませて遊ぶことが中心になります。可能であれば、先端の材質の違うマレットを用意しましょう。柔らかい布製のマレットでたたく音と、硬いマレットでたたく音の違いに気付かせてあげられると良いです。また、音板を1つずつたたくことも楽しいですが、マレットを滑らせてグリッサンドのようにして音を出すことで、新しい音の響きと出会うことができます。

子どものための音板楽器には、ドイツの作曲家オルフ(Orff, C.)が考案した「オルフ楽器」があります。これは木琴や鉄琴の音板を自由に取り外せるように工夫されたものです。たとえば、最初から音板を「ド」と「ソ」の2つのみにしておけば、簡単な曲で音が切り替わるところさえ分かればアンサンブルができます。また、「ミ」「ソ」「ラ」の3つにしておくと、わらべうたのようなシンプルな曲であれば演奏できるかもしれません。子ども達には難しいかもしれませんが、「演奏してみたい」という欲求があるのなら、チャレンジしてみるのも良いでしょう。最初から限定された音板しかないので、間違えることが少なくて済むのも「オルフ楽器」の特徴です。

写真4−4　マレット

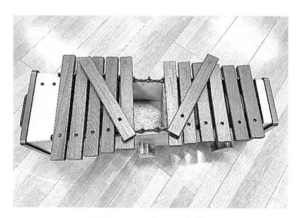

写真4−5　オルフ楽器

4. 楽器あそび4　－その他打楽器

　他の項でも述べてきたように、子ども達にとって親しみやすい楽器は、「振る」や「たたく」などで音が出る打楽器です。他の項で紹介した楽器以外にも、魅力的な音の出る打楽器はたくさんあります。ウッドブロックは、左右で音の高さが異なります。これを使った有名な曲に、アンダーソン(Anderson、L.)の「シンコペーテッド・クロック」という曲があります。一曲を通してウッドブロックが時計の針の音を表しています。このように、ウッドブロックの音を時計の音にたとえると、子ども達が興味を持ちやすかったり、「とけいのうた」を歌いながらたたいてみるなど、何かにたとえることで活動の幅が広がることもあります。

　また、保育現場でも大いに活用できるのがトーンチャイムという楽器です。演奏原理はハンドベルと同じで、1本で1つの音が鳴り、複数人で息を合わせて演奏する楽器です。ハンドベルよりも軽量で扱いやすいことから、福祉の現場や音楽療法でもよく使われます。曲の演奏が難しくても、柔らかで優しい音色を鳴らしてみるだけで楽しめます。子どもの年齢や人数によっては、鳴らす音を決めて、複数人で鳴らして和音を作ってみたり、保育者のピアノや楽器演奏に合わせて和音だけで伴奏することができるかもしれません。また、自分の音だけでなく、一緒に鳴らす人の音を聴き、息をそろえ、気持ちを合わせる経験にもなります。児童館や小学校に楽器がある場合もあるので、是非触れる機会を作ってみてください。

写真4－6　ウッドブロック

写真4－7　トーンチャイム

5. 手作り楽器をつくってみよう

　十分に楽器が揃っていなくても、楽器遊びはできます。ここでは、身近な材料で子どもと一緒に作れる手作り楽器を2つ紹介します。

【事例4−1】紙コップでハンドベルをつくってみよう

【準備物】紙コップ1個、モール1本、鈴1個、シールやペン

【作り方】
1. モールに鈴を通し、モールの端と端をつないでとめます。
2. 紙コップの底の中央に穴をあけ、鈴が紙コップの中に入るようにモールを外へ通します。
　モールがコップの外に出て、持ち手になるようにします。
3. シールやペンで、コップを装飾したら完成です。

【留意点】
　鳴らすときは、モールの持ち手を持って、やさしく鳴らしましょう。

【事例4−2】紙皿でタンブリンをつくってみよう

【準備物】紙皿1枚、ビーズ、ペン、折り紙や色画用紙、シール、マスキングテープ

【作り方】
1. 紙皿を2つに折り、中にビーズを入れ、マスキングテープでふちを止めます。
2. 紙皿にシールやペンで柄を作ったり、色画用紙で耳を付けて動物の顔に見立てたりして装飾すると完成です。

【留意点】
　ビーズは、いろいろな大きさや形があったほうが、違った音の鳴り方を楽しめます。また、ビーズの量をあまり入れすぎないようにして余裕をもたせると、タンブリンのようにたたいてもよい音がでますし、振るとシャカシャカと軽やかな音がします。

　ここで紹介した手作り楽器は、大人が手伝えば2歳ぐらいの子どもでも作って楽しむことができます。穴あけやテープで止める作業は大人が手伝ってあげたり、ビーズなどを扱う際は誤飲にも気を付けてください。楽器を製作した後は、保育士が演奏する音楽に合わせてリズム遊びをしたり、色々な楽器と組み合わせて合奏ができると良いですね。手作り楽器は、製作と音楽遊びという2つの活動をスムーズに繋ぐことのできるアイディアの一つです。楽しく製作したら、「どんな音がするかな？」と、子どもが楽器の音を聴けるような声掛けをしましょう。

6. 世界の自然物をつかった楽器であそんでみよう

　世界には、さまざまな自然物で作られた楽器があり
ます。たとえば、マラカスはヒョウタンの空洞を利用し、
その中に植物の種を入れて作られていたり、竹のよう
に筒の形をしていて中が空洞のものは笛になります。
自然物の素材を分類すると、以下のように植物、動物、
鉱物として分けることができます。

表4-1　楽器になる主な自然物の素材の分類

分類	素　材
植物	竹、ヒョウタン、葦、木、炭、実、葉、幹
動物	皮(牛、やぎ、羊、馬、へび、オオトカゲ、他)、象牙、角(牛、カモシカ、他)、骨(トラ、シカ、アルマジロ、鳥、他)、カメの甲良、爪(カニの爪の殻、アルパカ)、貝、毛(馬のしっぽ)、卵のう、など
鉱物	ガラス、砂、土、石、金属(真鍮、鉄、銅、青銅、ドラム缶)、プラスチック

〔出典:浜松市楽器博物館(2007)「知恵と工夫の万華鏡～素材で楽しむ楽器たち」より筆者作成〕

　現代社会のように産業が発達していなかった時代から、人々は身近な自然物を用いて楽器
をつくり、音の世界を楽しんできました。楽器をつくることは、まさに人間の文化そのものとい
えるでしょう。保育現場で扱う場合は、動物の素材を手に入れることは難しいので、主に植物
や鉱物(砂や土など)になると思います。ティッシュの空き箱に小豆やビーズを入れて少しずつ
傾けていくと、波の音を表現できますし、それぞれの素材がもつ特性を利用して自然物をつか
った楽器を創作して楽しむことができます。

写真4-8　ケーン(タイ)
ケーンは、タイやラオスの竹で作られ管楽器
です。真ん中の竹をまとめた部分の端に穴が
開いており、そこから息を吹き込んで音を奏
でます。

写真 4－9　チャフチャス（ペルー）
チャフチャスとは、シェイカーと呼ばれる振って音を出すリズム楽器の一種です。手で持って振ると、ジャラジャラという音が鳴ります。写真のものは、アルパカやリャマ、ヤギの爪で出来ています。

写真 4－10　パンギーシェイカー（インドネシア）
インドネシアのパンギとよばれる木の実を使った楽器です。持ち手をもって、殻と殻がぶつかり合ってカラッカラッといった軽快な音がなります。本格的なパーカッションの演奏にも使われます。

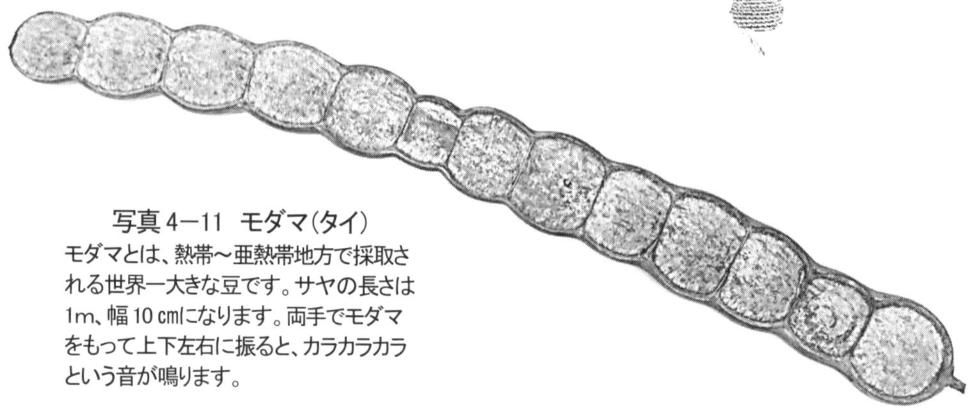

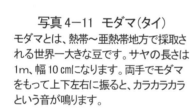

写真 4－11　モダマ（タイ）
モダマとは、熱帯～亜熱帯地方で採取される世界一大きな豆です。サヤの長さは1m、幅 10 ㎝になります。両手でモダマをもって上下左右に振ると、カラカラカラという音が鳴ります。

写真 4－12　ひょうたんギロ（ペルー・アンデス地方）
ギロとは、くり抜いたひょうたんの表面に刻みを入れて、叩いたり棒でこすったりして音を出す打楽器のことです。美しい絵が描かれて装飾されています。

7. 絵本を用いた音楽創作活動

　絵本の読み聞かせには、さまざまな方法があります。絵本にかいてあることを忠実に読むことも大切ですが、ここでは表現の一つとして、絵本の中の情報から音や音楽で表現する活動を紹介します。たとえば、絵本の中で音として描かれている部分を楽器で奏でたり、絵本の中の登場物や背景、文字の形や絵の色合い、そして効果音や擬音でかかれている場面で、それに適した音や音楽を探してみます。その際、音や音楽は既存のものでもよいですし、子どもと一緒に音探しをしても楽しめると思います。かかれていることの全てを音で表そうとする必要はありません。子ども達が印象に残った場面や、擬音でかかれているところなどは、声で真似してみたり、自然に表現してみたくなる部分を音で再現してみましょう。じっくりと時間をかけ、子ども達とともに絵本や物語の世界に身を置くことも、保育者の大事な役割です。

　絵本を用いた音楽創作活動により、物語に合わせて音や音楽が連動し実際の音として聴こえることで、子ども達の想像力が広がり、わくわくする気持ちや好奇心が広がるでしょう。以下は、音や音楽として表現できる絵本の具体的な要素です。

音や音楽として表現できる絵本の要素

---

1. 効果音があるもの（風、小川、雨、雷、草、虫や鳥の声、太鼓などの音の描写を楽器で表現する）

2. 一定の音のパターンやメロディーに新しいリズムやメロディーを組み込んでいくことができるもの

3. 絵を視覚的にとらえて図形楽譜のようにみたてることができるもの

4. 物語の場面情景に合わせて簡単な曲をつくることができるもの

5. ストーリーに適したBGMを表現できるもの

6. 絵本の字の大きさや字体、漢字やひらがな、カタカナなどからの印象

7. ことばの響きやリズム感、擬音語や擬態語など

8. 絵の色や背景の色、テーマカラーなど

9. 絵本のサイズや絵の大きさなど

10. 立体絵本や仕掛け絵本、写真絵本などの手法を表現できるもの

11. 絵本の余白や裏表紙、絵の輪郭などのディテールを表現できるもの

　領域「表現」では、幼稚園教育要領の解説にもあるように、「感じること、考えること、イメージを広げることなどの経験を積み重ね、感性と表現する力を養い、創造性を豊かにしていく」ことが求められます。上記以外にも、さまざまな要素が音や音楽として表現できる可能性がありま

す。絵本の絵や場面の背景、言葉の持つリズム、登場物の気持ちに寄り添って、それに合う音や音楽を考えることは、子どもの想像力や感性を育む遊びにもつながります。音や音楽を、場面の情景や登場人物などの心情、行動を代弁するものとして創作することは、目にはみえないものを読み取る感覚や、他者の気持ちを汲み取る力、すなわち想像力を育むことに繋がります。そして心の耳を研ぎ澄まし、頭の中で音を聴くことは、想像を再構築することになります。

このような音楽創作活動を通し、絵本を視覚だけでなく、聴覚にも働きかけることで、絵本がより立体的なものとして体験できるようになります。音を表現することにより、他者に対して自分がどのように感じて表現しているのかが伝わり、また他者の表現を聴くことで、自分とは異なる感じ方や表現があることを知るきっかけになるでしょう。

表4-2　音表現のできる絵本選定の一例　（筆者作成）

	タイトル	作者
1	どどどどど	五味 太郎
2	ころころころ	元永 定正
3	もこ もこもこ	谷川 俊太郎
4	つきよのおんがくかい	山下 洋輔
5	めっきらもっきら どおんどん	長谷川 摂子
6	アフリカの音	沢田 としき
7	おいしいおと	三宮 麻由子

【ワーク4-1】表4-2以外にも、音表現のできる絵本は数多くあります。音や音楽として表現できる絵本の要素を参考にして、絵本を3点、選んでみましょう。選んだ絵本の中から、実際に音や音楽で表現し、友達同士で発表し合いましょう。

【参考文献】
・河合隼雄・松井直・柳田邦男(2001)「絵本の力」岩波書店
・柴田礼子(2008)「ピアノとあそぼう　それぞれの表現を見つける音楽教育」音楽之友社
・チャイルド本社(2017)『平成29年告示幼稚園教育要領・保育所保育指針・幼保連携型認定こども園教育・要領』
・武藤隆監修・浜口順子編者代表(2018)『新訂事例で学ぶ保育内容　領域表現』萌文書林

8. ピアノ演奏のコツ、練習の仕方

　ピアノ演奏やピアノの弾き歌いは、多くの保育現場で行う機会があります。ピアノ演奏に苦手意識を持つ方も多いと思いますが、なぜ演奏や弾き歌いをするのか、子ども達にとって歌うことの意味や何を育みたいのかを最初にしっかり考えておくと、自分の苦手意識よりも子ども達に音楽の楽しさを伝えたいという気持ちがより強くなると思います。ピアノ演奏を行う際は、以下の3つの視点を持って取り組んでみましょう。

　第1に、子どもの声域に合った選曲をすることが重要です。子どもの声域は、発達年齢により異なります。子どもの歌唱可能声域について記されている文献は多くありますが、ほとんどの子どもが「二点ハ」(日本式の音の表記)までの声域として報告されています。幼児歌曲を選曲する際は、発達年齢による子どもの声域に合った曲を選ぶとよいでしょう。楽譜によっては、かなり高音域の曲も掲載されています。その曲を選曲しないということではなく、なるべく多くの曲に触れ、その曲の美しさや歌詞の世界を味わってもらうことが望まれます。そのため、高音域が登場する曲については、子どもが自然な発声で心地よくうたえる音域に移調することで、子どもの歌唱に対する不安が軽減されます。保育者が子どもの声域に合わせ、その曲を1音か2音ほど低く移調する能力も保育現場では必要になります。その際、高音域だけではなく、低音域が低くなりすぎないように留意しましょう。

3歳（イ～嬰一点イ）
4歳（嬰ト～嬰一点イ）
5歳（嬰ト～二点ハ）

図4-1　幼児の60%が無理なく歌える声域

〔出典：細田淳子(2006)「第4章幼児の音楽表現」『保育内容「表現」論』ミネルヴァ書房、p.51を参照し、筆者作成〕

　第2に、音量に気を付けることです。保育室と子どもの人数に合わせた音量で演奏しましょう。特に、ピアノ演奏が得意な方は、気を付けましょう。弾けることで音量もついつい大きくなってしまいがちになるため、子どもの人数と声量に合わせて保育室の大きさにも見合う伴奏を心がけます。また、響きを聴くことも大切です。音が響きやすい造りの保育室で大きな音量で演奏すると、ピアノばかりが鳴り響き、音も濁ります。また、伴奏の音が大きすぎると、それに合わせて子ども達の歌声も大きくなり、どなり声での歌唱につながります。どなり声で歌うことは、子ども達の声帯を傷つけてしまうだけでなく、歌詞の世界を味わうことや、お友達の声を聴き

あい、声を合わせて歌う喜びも感じることができなくなってしまいます。自分の演奏の音と歌声、保育室の広さ、響き、子どもの声とのバランスを常に考えながら演奏するようにしましょう。また過度な伴奏アレンジや音数の多い華々しい伴奏は美しいのですが、子ども達が歌のメロディーラインを聴き取りづらくなります。子どもの聴覚を育むためにも、シンプルな伴奏で歌本来の持ち味や言葉を楽しめるよう配慮しましょう。

第3に、音楽の流れを止めないことです。実習で子ども達の歌に合わせて演奏すると、1人での練習時と比べ、より緊張して止まってしまったり、弾き直してしまうことがあると思います。しかし、子ども達の歌は先に進んでいくため、自分の間違いにとらわれて弾き直すのではなく、少しのミスは気にせず音楽の流れを止めないように気を付けましょう。どうしてもわからなくなった場合は、右手のメロディーラインだけでも残し、弾き続けます。右手も止まってしまった場合は、歌声だけでもしっかり歌い、ピアノの演奏は復活できるところから入りましょう。

ポイントは、普段の練習時から、いつも曲のはじめから最後まで通す練習をするのではなく、曲を区切って途中から弾けるようにしておくことが大切です。通す練習ばかりをしていると、途中で止まった時にどこからも演奏復活ができなくなります。そのため自分でポイントを決めて、区切った箇所からも演奏できるようにしておきましょう。

【ワーク4-2】
1. 左手の伴奏だけを弾きながら、歌詞を歌ってみましょう。そうすることで、弾き歌い時に両手伴奏と歌唱がしやすくなります。
2. ピアノの両手演奏、また弾き歌いの歌唱とピアノの両手演奏をそれぞれ携帯電話などで録画した後に聴いてみましょう。自分がどこで止まりやすいのか、またピアノの音量と歌唱の音量バランスを客観的に観ることができるようになります。

【参考文献】
・小西行郎・志村洋子・今川恭子・坂井康子(2016)『乳幼児の音楽表現』中央法規出版
・小林美実編(2006)『こどものうた200』チャイルド本社
・細田淳子(2006)「第4章幼児の音楽表現」名須川知子・高橋敏之編著『保育内容「表現」論』ミネルヴァ書房、p.51
・安氏洋子(2009)「ピアノ指導法～移調奏技能指導法の実践研究～」第62回日本保育学会口頭発表
・吉富功修・三村真弓(2011)『改定幼児の音楽教育法 美しい歌声をめざして』ふくろう出版

9. 弾き歌いのコツ、練習の仕方

　弾き歌いをする際の心構えとして、まず、弾き歌いは「歌が主役である」という考え方が大切です。保育者が子ども達に対して表情豊かに歌いかけ、歌詞の言葉一つひとつを子どもに届けるつもりで歌うことで、子どもの感性や表現しようとする意欲を引き出すことができます。

　弾き歌いには、いくつかのコツがあります。初めて弾き歌いをする場合は、「歌う」、「片手でメロディーラインを弾きながら歌う」、「両手で弾く」、「両手で弾きながら歌う」といったように、ステップをふんで練習をします。

　まず、歌詞を何度も歌ったり、メロディーラインを弾きながら歌うことをくり返し、身体で曲を覚えましょう。歌うことで、音やリズムを把握することができるため、ピアノの楽譜も読みやすくなります。片手でピアノを弾く練習を始める際には、指づかいをある程度決めることで、弾きやすくなります。また、片手でゆっくりとメロディーラインを弾きながら、歌詞を一緒に口ずさむ練習を必ず取り入れましょう。できあがった伴奏に歌をつけていく感覚ではなく、歌に伴奏をつけていく感覚を養ってください。次にすることは、表現磨きです。演奏に慣れてきたら、歌詞や音楽から思い浮かぶ情景や感じ取られる雰囲気を表現します。曲想に合った歌い方や弾き方を取り入れ、曲のイメージが湧くような演奏にしましょう。物語の起承転結のように、1曲の中にある曲想の変化にも注目し、味わいながら表現できると素敵です。最後は、子どもと歌うシミュ

レーションをしながら弾き歌いをすることです。演奏しながら子どもの様子をみることができるように、手元や楽譜から目を離すことにもトライします。子どもの方に向かって歌い出しの合図を入れる練習から始めてみてください。もし、曲の途中でつまずいたとしても、先へと意識を進め、子どもの歌声に合わせて演奏を続けられるようにしましょう。

【参考文献】
・鈴木みゆき・藪中征代編（2004）『保育内容「表現」：乳幼児の音楽』樹村房

－ ぜひ、歌ってほしい！弾き歌いの紹介リスト －

1) 0歳児向け

	タイトル	作詞	作曲
1	チューリップ	近藤 宮子	井上 武士
2	かたつむり	文部省唱歌	不詳
3	どんぐりころころ	青木 存義	梁田 貞
4	ぞうさん	まど・みちお	團 伊久磨
5	ゆりかごのうた	北原 白秋	草川 信
6	お馬	林 柳波	松島 つね
7	鳩	文部省唱歌	不詳
8	むすんでひらいて	不詳	ルソー
9	いとまき	不詳	デンマーク民謡
10	こぶたぬきつねこ	山本 直純	山本 直純
11	さかながはねて	中川 ひろたか	中川 ひろたか
12	げんこつやまのたぬきさん	わらべうた	わらべうた

2) 1歳児向け

	タイトル	作詞	作曲
1	ぶんぶんぶん	村野 四郎	ボヘミア民謡
2	かえるのがっしょう	岡本 敏明	ドイツ民謡
3	大きなたいこ	小林 純一	中田 喜直
4	コンコンクシャンのうた	香山 美子	湯山 昭
5	キラキラぼし	武鹿 悦子	フランス民謡
6	ことりのうた	与田 準一	芥川 也寸志
7	手をたたきましょう	小林 純一	チェコスロバキア民謡
8	幸せなら手をたたこう	木村 利人	アメリカ民謡
9	とんとんとんとんひげじいさん	不詳	玉山 英光
10	あくしゅでこんにちは	まど・みちお	渡辺 茂
11	ことりのうた	与田 準一	芥川 也寸志
12	手をたたきましょう	小林 純一	チェコスロバキア民謡

3) 2歳児向け

	タイトル	作詞	作曲
1	おはながわらった	保富 庚午	湯山 昭
2	あめふりくまのこ	鶴見 正夫	湯山 昭
3	まつぼっくり	広田 孝夫	小林 つや江
4	まめまき	絵本唱歌	不詳
5	大きなくりの木の下で	不詳	イギリス民謡
6	グーチョキパーでなにつくろう	斉藤 二三子	フランス民謡
7	すうじのうた	夢 虹二	小谷 肇
8	おかあさん	田中 ナナ	中田 喜直
9	しゃぼんだま	野口 雨情	中山 晋平
10	おつかいありさん	関根 栄一	團 伊久磨
11	犬のおまわりさん	佐藤 義美	大中 恩
12	アイアイ	相田 裕美	宇野 誠一郎

4）3歳児向け

	タイトル	作詞	作曲
1	こいのぼり	近藤　宮子	絵本唱歌
2	たなばたさま	権藤　はなよ	下総　皖一
3	とんぼのめがね	額賀　誠志	平井　康三郎
4	お正月	東　くめ	滝　廉太郎
5	朝のうた	増子　とし	本多　鉄麿
6	おかえりのうた	天野　蝶	一宮　道子
7	おべんとう	天野　蝶	一宮　道子
8	はをみがきましょう	則武　昭彦	則武　昭彦
9	とけいのうた	筒井　敬介	村上　太朗
10	どんな色がすき	坂田　修	坂田　修
11	おもちゃのチャチャチャ	野坂　昭如	越部　信義
12	バスごっこ	香山　美子	湯山　昭
13	山の音楽家	水田　詩仙	ドイツ民謡
14	こぎつね	勝　承夫	ドイツ民謡
15	ありさんのおはなし	都築　益世	渡辺　茂

5）4、5歳児向け

	タイトル	作詞	作曲
1	うれしいひなまつり	サトウ　ハチロー	河村　光陽
2	思い出のアルバム	増子　とし	本多　鉄麿
3	めだかの学校	茶木　茂	中田　喜直
4	おばけなんてないさ	槇　みのり	峯　陽
5	アイスクリームのうた	佐藤　義美	服部　公一
6	さんぽ	中川　李枝子	久石　譲
7	やきいもグーチーパー	阪田　寛夫	山本　直純
8	まっかな秋	薩摩　忠	小林　秀雄
9	たきび	巽　聖歌	渡邊　茂
10	あわてんぼうのサンタクロース	吉岡　治	小林　亜星
11	線路はつづくよどこまでも	佐木　敏	アメリカ民謡
12	手のひらを太陽に	やなせ　たかし	いずみ　たく
13	大きな古時計	保富　庚午	H.C.ワーク
14	ふしぎなポケット	まど・みちお	渡辺　茂
15	世界中のこどもたちが	新沢　としひこ	中川　ひろたか

【参考文献】
・Mcdonald T Dorothy and Simons M Gene 1989 *Musical growth and development：Birth throw six.* New York Schirmer books.（=1999、神原雅之他訳『音楽的成長と発達：誕生から6歳まで』渓水社）
・呉東進（2009）『赤ちゃんは何を聞いているの？：音楽と聴覚からみた乳幼児の発達』北大路書房
・西川由紀子・井上昌次郎・帆足英一・山崎祥子（2009）『保育のきほん　ゼロ・1歳児』（ちいさいなかま保育を深めるシリーズ）『ちいさいなかま』編集部編、ひとなる書房
・小林美実編著（1975）『こどものうた200』チャイルド本社
・小林美実編著（1990）『続　こどものうた200』チャイルド本社
・鈴木恵津子・冨田英也編著（2011）『改訂　ポケットいっぱいのうた』教育芸術社

10. 歌唱指導のコツ、練習の仕方

　子ども達は、日頃から歌うように語っていることがあります。たとえば、「桜子ちゃん、遊ぼう」と誘う場合、「さーくらーこちゃん、あーそーぼー」のようにリズムをつけて音にのせて呼びかけたり、だんごむしを見つけた際には、「だんごむしみーつけた」と節をつけて歌ったりしています。楽しいと感じた時など、自然発生的に言葉と音がつながって歌になる場合があります。模倣が好きな子どもは、保育者の声を真似るため、保育者は抑揚ある優しい声で子どもの音高に合わせて応答唱することで、子どもの音楽表現の芽生えを育むことができます。子どもに大きな歌声や元気な歌声を求めると、がなり声になることがありますので、日頃から聴くことを大切にする言葉かけが肝心です。

　みなさんは、「なべなべそこぬけ」や「お寺のおしょうさん」、「げんこつやまのたぬきさん」、「ずいずいずっころばし」など、わらべうたを歌ったことがあると思います。わらべうたは、子どもが歌い易い狭い音域かつ簡単なリズムでできており、ラソソなど隣接する2音や3音のみを使用した短い曲も多くあります。子ども達が歌に合わせて遊びながら身体表現を楽しむことができるため、応答唱からわらべうたに移行することで無理なく音域を広げることができ、音感を育成することができます。

　乳幼児の声域についても、知っておきましょう。産声は、音名で1点イ音（ラ）程度の高さです。個人差はありますが、産声の高さを基準として、子どもが無理なく出せる範囲は3～5歳でおよそ1点ニ音（レ）～1点イ音（ラ）、6歳頃で1点ニ音（レ）～2点ハ音（ド）程度です。子どもの声域を考え選曲することは、自然な歌声を引き出す上においても大切だといえます。

　さて、歌唱指導をする際には、保育者が選曲の方法についても知っておく必要があります。歌はコミュニケーションツールであるため、昔から歌い継がれてきたわらべうたや季節・行事にちなんだ童謡を知っておくことが大切です。歌唱の導入の際には、保育者の言葉がけや想像力を高める視覚的補助教材で興味を引くこともできます。子どもはオノマトペを好むため、擬音語や擬態語、擬声語などが使われている「こぶたぬきつねこ」（作詞・作曲：山本直純）や「バスごっこ」（作詞：香山美子、作曲：湯山昭）、「やまのおんがくか」（作詞：水田詩仙、ドイツ民謡）、「トントントントンひげじいさん」（作詞：不詳、作曲：玉山英光）などを楽しんで歌いながら言葉の世界を広げることができます。歌いながらリズムに合わせて体を動かし、コミュニケーション能力を高める曲としては、「かもつれっしゃ」（作詞：山川啓介、作曲：若松正司）や「せんせいとお友だち」（作詞：吉岡治、作曲：越部信義）もおすすめです。選曲の際は、極端な速度設定や難しいリズムの曲は避けながらも、子どもの発達を考慮し、多様な速度やリズムの曲を取り入れる

ことで、音楽的な感性を広げることができます。以下は、「おはながわらった」(作詞:保富庚午、作曲:湯山 昭)を題材とした歌唱の展開例です。

【事例4-3】「おはながわらった」の展開例

---

1. 歌う曲の導入

「園庭のお花が満開になりましたね。このお花にぴったりな歌があります」と話かけ、子どもに園庭の花に興味・関心をもたせながら、満開の花と「おはながわらった」の歌詞のイメージがつながるように問いかける。⇒感受性、想像力を育む

2. 保育者がアカペラで範唱

保育者の2拍子に合わせた表現力豊かな歌を聴き、子どもは手を使った「お花が笑った」の表現方法を考える。⇒身体の動きと言葉を結びつけ、言葉を理解することができる

3. 子どもと一緒に歌唱

子どもの呼吸と集中力を考慮し、2小節単位での息継ぎと身体表現を取り入れ、のびやかな声と明瞭な言葉で1番(12小節間)を通して繰り返し歌う。⇒記憶力の向上と言葉の習得

4. 替え歌にチャレンジ

「おはな」の歌詞を「〇〇ちゃん」と子どもの名前に替えたり、感情の変化を考えたりした上で、その感情にあった音楽表現を考え歌唱する。⇒曲に愛着がわき、表現が深まる

【ワーク4-3】

1. がなり声で歌う子どもから自然な歌声を引き出す声かけを考えてみましょう。

2.「ひとやまこえて」のように、問いと答えでできているわらべうたを3曲調べ、問いと答えに分かれて歌い合わせてみましょう。

【参考文献】
・河北邦子・坂本久美子(2017)『楽しくうたあそび123』ミネルヴァ書房
・フォライ・カタリン(1991)『わらべうた・音楽の理論と実践―就学前の音楽教育―』明治図書出版株式会社
・吉野幸男(1996)「あたらしい音楽表現」音楽之友社

レッスン 5　造形あそびと造形技法

1. 折り紙あそび

　日本の伝承文化として広く親しまれてきた折り紙は、子どもにとっても造形感覚を育む良質な教材であり、魅力的なあそびの一つです。折り紙は1枚の紙さえあれば、いつでも、どこでも、手軽に、安全にあそぶことができます。

　造形教育の視点では、折るたびに変化する形態や面から立体へのダイナミックな変化は「形態感覚」を、色とりどりの折り紙の中からイメージに合う色を選び、組み合わせることは「色彩感覚」を、子どもにとって扱いやすい大きさや厚さ、折る行為は「材質感覚（触感覚）」を豊かに育みます。さらに何度も折り直せることから、集中力や理解力が育まれ、達成感や自己効力感を得ることができます。

　折り上がった折り紙を使った新たなあそびや表現への展開、発展も折り紙の特長です。立体表現である折り紙は、「折り紙シアター」（写真5-1）のような小世界を創作することも難しくありません。物語や空間を構想し、折り紙を見立てていく過程は、形や色だけではなく、言葉や時空にも想像力は広がります。伝承あそびである折り紙は、家族や他児、保育者が隣り合い寄り添うように座り、教え合ったり見せ合ったりする中で、自然にコミュニケーションが生まれ、人間関係が形成されていきます。

　最後に、折り紙は指先の精緻な運動や、目と手、右手と左手の協応動作を促し、手指の巧緻性を育みます。発達の違いや個性によって折り紙を苦手とする子どもには、折り上げることよりも、主体的に手を動かし、造形することを楽しめるように援助しましょう。軍手を2枚重ねて折り紙を折ってみると、折り紙が苦手な子どものもどかしさがわかると思います。

写真5-1　折り紙シアター

2. ちぎり絵あそび

　「千切る」とは、手などでこまかに切り離すこと、こまかにばらばらにすることです。ちぎり絵はこまかくちぎった紙片を貼り合わせ、形や色、材質感を楽しむ造形あそびです。保育現場では新聞紙や折り紙、色画用紙が用いられますが、木の葉などの自然物を用いても、紙とは違う感覚体験を味わうことができます。

　ちぎられた形は紙の線維が残り、柔らかく緩やかな曲線を描きます。ハサミで切ったときとはずいぶん違います。小さくちぎった紙片を貼り合わせると、重なった線維の形のぼかし効果や点描のような色彩効果が得られます。また、貼り付ける途中で新しいイメージを連想したり、ちぎった偶然の形を見立てたりする中で、想像力が育まれていきます。

　ちぎることは素材体験の一つです。ちぎるだけでなく、割いたり、指で穴をあけたり、くしゃくしゃにして丸めたり、巻いたり、折ったり、引っ張ったり、たたいたりと多様な素材体験を重ねることが、あそびの幅を広げ、豊かな表現活動へとつながります。一度くしゃくしゃにした紙とそのままの紙では、ちぎったとき、異なる材質感を体験することでしょう。

　紙をちぎるときは、左右の親指と人差し指でそれぞれ紙をつまみ、反対方向に動かします。小さくちぎろうとすれば、指の尖端を向き合わせ、紙をしっかりとつまむ必要があります。何度も同じ行為を繰り返すちぎり絵は、筋の発達や目と手、右手と左手の協応動作を促し、手指の巧緻性を高めます。新聞紙のようなしなやかで柔らかい素材であれば、2歳前後から紙をちぎることができるようになります。

写真5-2 ちぎり絵あそびの例

3. スタンプあそび

　スタンプあそびは自然物や日用品、指や手のひらなどに絵の具をつけて、その形を写しとる型押し版画のことです。何度も同じ型を写し取ることができるので、色を変えたり重ねたりして、繰り返し楽しむことができます。また紙に押しあてるだけなので、保育者の援助があれば0歳児から取り組むことができます。

　0歳児は成長の早い時期です。手や足の裏に絵具をつけて写し取った成長記録は、子どもにとっても感覚あそびとなります。1歳児から2歳児は繰り返すことを楽しむようになるので、存分にあそべるように材料を十分準備しておきましょう。3歳頃には形を見立てるようになります。さまざまなスタンプ材を用意し、言葉を交わしながら想像力を育みましょう。4歳頃には形をイメージして、スタンプ材を探したり、協同制作をしたりするようになります。5歳頃には道具を用いて、自分でイメージした形をつくりはじめます。粘土を用いると、安全に、ある程度自在に造形することができます。

　スタンプあそびは、型押しすることで、身近なものの形をくっきりと写しとります。それは形態に対する感受性を育み、見慣れた自然物や日用品の認識や理解を深めます。型押しした形からイメージをふくらませたり、同じ型をリズミカルに配置したり、いくつかの型を組み合わせて見立てたりすることは、構成力や動きのある表現を育みます。色は1色から始め、形態に関心を持たせてから、赤、青、黄色の3原色を足していけば、型押しを繰り返す中で色が混ざり合い、重なり合い、スタンプあそび独特の色彩が楽しめます。スタンプあそびは、スタンプ材を紙に押し当てます。ものをつかみ、にぎって押し当てる一連の動作は、握力だけではなく、スタンプ材の傾きやスタンプ材がずれないように力を調整し、目と手の協応動作を促します。

写真5-3　葉っぱのスタンプ

4. 野菜をつかったスタンプあそび

　野菜スタンプの遊びのねらいは、野菜そのものに興味
をもつこと、野菜の手触りを楽しむこと、野菜の切り方を
変えることでスタンプの断面に違いがでることに気付く
ことなどがあげられます。1歳頃から楽しむことができ、
色の付き具合やスタンプを押す力によって、色に濃淡の
差が出てくるので、味わい深い作品をつくることができ
ます。スタンプに適している野菜は、オクラ、ゴーヤ、チ

ンゲン菜、ピーマン、にんじん、レンコン、なす、玉ねぎ、セロリなどです。使用する野
菜は、調理をした後のヘタや根の切れ端の部分を使用しますが、子どもが手に持ってスタ
ンプを押せる程度の野菜の切れ端であることに留意しましょう。

【事例5-1】野菜でスタンプあそびをしてみよう

【準備物】野菜の切れ端、画用紙、水彩絵の具、水、キッチンペーパー、トレー、机の上に
　　　　敷くシート

【作り方・遊び方】
1. いろいろな野菜の切れ端を用意します。
2. 水彩絵の具を少量の水で溶きます。キッチンペーパーを折りたたみ、トレーの上にのせ
　ます。溶いた水彩絵の具をキッチンペーパーの上に染み込ませます。
3. 野菜と水彩絵の具の準備ができたら、画用紙に野菜スタンプを押して楽しみます。

【留意点】
・水彩絵の具をそのままトレーに出し、筆で野菜に色をつけても良いです。
・水彩絵の具を何種類か用意し、色が混ざり合う様子も観察すると面白いです。
・スタンプを押すことに慣れてきたら、スタンプを使って画用紙に絵を描いてみましょう。

写真5-4　チンゲンサイの例　　　　　写真5-5　さまざまな野菜スタンプの例

【参考文献】
・きうちかつ(1997)『やさいのおなか（幼児絵本シリーズ）』福音館書店
・松田奈那子(2015)『やさい ぺたぺた かくれんぼ』アリス館
・よしだきみまろ(1993)『やさいでぺったん－スタンプ遊びの絵本（かがくのとも傑作集わいわいあそび）』
　福音館書店

5. 押し花あそび

　まず、散歩をする子ども達の様子を思い浮かべてみてください。子どもは、前を向いて歩きながらも、意外と下を向いて歩いています。その中でも、特に、道端に咲いている花は子どもの目にもよく留まり、「せんせい、みてみて〜、おはな！」と言って、保育者のところにもってきてくれます。子ども達が摘んだ花や拾った葉っぱで、押し花あそびをしてみましょう。

　押し花とは、花や葉に圧力をかけて平面状に乾燥させたものです。押し花をする際のポイントとしては、まず、押し花として使える草花を選ぶことです。押し花に向いている草花は、花びらや葉の厚さが薄いこと、花びら同士が重なっていないこと、水分が少ないものです。たとえば、さくら、パンジー、すみれ、つつじ、バーベナ、アリッサム、ポピー、コスモスなどが押し花に向いています。このように、押し花に向いている花を取り上げましたが、保育現場で子ども達が摘み取る花とは、たいていの場合、雑草です。摘んできた花や拾ってきた葉っぱを見て、厚みが薄く、水分が少なそうと思えば、押し花に挑戦してみてください。次に、草花は摘み取った瞬間から劣化がはじまりますので、その日のうちに押し花にするようにしましょう。すばやく乾燥させることで、鮮やかで綺麗な押し花を作ることができます。また、最初のうちは水分がたくさん出るので、こまめにペーパーを交換することで乾燥の手助けになります。

　押し花ができあがった後は、製作に活用することも考えてみましょう。たとえば、押し花を広げて木工用ボンドを塗って乾かすと、コーティングした状態になり、そのまま作品になります。また、押し花をラミネートシートで保護すれば、しおりを作ることもできます。以下は、アサガオの押し花あそびを紹介しますので、作ってみてください。

【事例5−2】アサガオで押し花をしてみよう

【準備物】アサガオの花、和紙、新聞紙、本（重石の役割）

【作り方・遊び方】
1. アサガオのガクを切り落とします　（※ガクがついていると、花を広げることが難しい）
2. 和紙の上に花や葉をひろげ、その上にもう1枚和紙を重ねます
3. 新聞紙の間に挟み、重石として、本を載せます
4. 数日後、そっと出し、それを広げて乾燥すると完成です。
5. 完成したアサガオの押し花で、しおりや作品を作ってみてください。

【留意点】
　和紙の代わりに、ティッシュペーパーやキッチンペーパーを使用することはできますが、アサガオの花がペーパーにくっついてしまい、仕上がりが上手くいかないこともあるので注意してください。

6. 小麦粉粘土あそび

　小麦粉粘土は、1歳頃から遊ぶことのできる保育教材です。ひと昔前まで、「口に入れても安心できる」と言われ、積極的に使用されていましたが、最近では小麦粉アレルギーの子どももおり、子どもの実態に応じて活用する流れとなってきています。小麦粉粘土に限らず、粘土あそびは、自発性や創造性、集中力、大小などの比較概念を養うことができ、手指も十分動かすことができるため、脳への好影響も期待される遊びです。

【事例5－3】小麦粉粘土をつくってみよう

【準備物】小麦粉100g、水50g、塩15g、サラダ油15g、食用色素（食紅）、ボール、
　　　　机の上に敷くシート（※分量は、1人分の目安です。）

【作り方・遊び方】
1. 小麦粉と塩をボールに入れて混ぜます。
2. ボールの中に水を入れて、小麦粉をこねます。その際、耳たぶくらいの硬さになるようにしてください。
3. 食用色素（食紅）を水で溶いて、小麦粉に混ぜ合わせます。よくこねるほど、色は鮮やかに出てきます。
4. ボールにサラダ油を少し入れます。サラダ油を入れることで、粘土がまとまりやすくなります。
5. 丸めたり、平らにしたり、色々な形を作って遊んでください。クッキー等の型抜きを活用することで遊びの幅が広がると思います。

【留意点】
　香りづけにバニラエッセンスを使用してみてもよいと思います。また、ケーキなどで使うクリームを表現したい場合、小麦粉に水彩絵の具を混ぜると本格的なホイップクリームが表現できます。

　小麦粉アレルギーの子どもがいる場合は、片栗粉を使用した粘土あそびもできます。ただし、片栗粉を使うと、ダイラタンシー現象（圧力をかけた場合、個体になる）が起こりますので、形を保つことができません。手で握ると固体になりますが、しばらくすると水のようにサラサラと流れ落ちます。ダイラタンシーは、不思議で面白い現象ですので、ぜひ、試してみてください。

写真5－6　小麦粉粘土の場合

写真5－7　片栗粉粘土の場合

7. スライムあそび

　スライムあそびは、感触遊びとして子ども達に大人気です。感触遊びとは、ぐにゃぐにゃ、つるつる、べとべと、つめたい、あたたかい、やわらかい、かたいなど、素材の感触の違いを楽しむ遊びです。感触遊びの教育的効果は、①さまざまな感触を味わうことで、五感の発達を促す効果があること、②握る、丸める、平らにするなど、手指の感覚を鍛えられることです。

　スライムあそびは、冷たく、もちっとした感触があり、自由自在に変形する様子を楽しむことができます。遊び方としては、手で握ったり、ねじったり、伸ばしたり、丸めたりなど、感触そのものを楽しむこと、また、水分量が多めのスライムを使って、的当てで遊んでも、くっつくので面白いです。スライムは、水と洗濯のりとホウ砂を混ぜるだけで簡単に作ることができるため、園や小学校でよく活用されてきました。しかし、ホウ砂は薬品であるため、ホウ砂を使用するよりも、洗濯用洗剤を使ったスライムづくりが保育・教育現場では一般的となっています。以下は、洗濯用洗剤を使ったスライムの作り方です。

【事例5－4】洗濯用洗剤を使ったスライムをつくってみよう

【準備物】洗濯のり（PVA）20g、洗濯用洗剤（アリエール、ボールド、サラサ）、木工用ボンド10g、洗面器計量カップ、食用色素（食紅）、ボール、机の上に敷くシート

【作り方・遊び方】
1. 洗濯のり（PVA）20gをボールに入れます。
2. 木工用ボンド10gをボールに入れ、洗濯のりと混ぜます。
3. 2. に硬さを確認しながら、少しずつ洗濯用洗剤を入れます。
4. 食用色素（食紅）を入れて、手につかなくなるまでこねて、完成です。

【留意点】
　洗濯ノリは、ポリピニルアルコールかPVA表示がされているものを選んでください。主原料がでんぷんの洗濯ノリを使うと固まりません。また、洗剤は、アリエールかボールド、サラサを使用してください。それ以外の洗剤では、スライムを作ることができません。スライムの中に、ビーズなどを入れて楽しむ場合もありますが、誤飲の恐れがあるので3歳児以上に使用してください。

写真5－8　スライムをねじる様子

写真5－9　スライムを伸ばす様子

8. ゆびあみあそび

　ゆびあみは、針などの道具を使わずに手を使って編んでいくので、毛糸さえあれば、どこでもできます。ゆびあみなどの編み物の魅力とは、①手軽にはじめられること、②どこでもできること、③マイペースにできること、④達成感があること、⑤いつでも中断できることなどがあげられます。また、編むという作業は、ヨガや瞑想と同じ効果があるとされており、心身共にリラックスができることから、欧米ではセラピーの一環としても用いられています。

　ゆびあみは、指の操作性が整ってくる3歳頃から挑戦できるようになります。子どもがゆびあみをする際には、太目の毛糸を用意することで、編む回数も減り、早く完成するので達成感を味わいやすくなります。

【事例5−5】ゆびあみで、マフラーをつくってみよう

【準備物】太目の毛糸1玉 【作り方・遊び方】 1. 人差し指から小指に向けて、交互に毛糸をかけます。 2. 小指から人差し指に向けて、毛糸がかかっていない指に交互に毛糸をかけます。 　この段階で、2段を編むことができています。 3. 2段目ができたら、下の段の毛糸を上の段の毛糸にかけるようにして編みこみます。 4. 交互に毛糸をかけて、同じ様に下の段の毛糸を上の段の毛糸にかけて繰り返します。 5. 首に巻けるほどの長さになったら、完成です。 【留意点】 　太目の毛糸に慣れてきたら、色々な種類の毛糸も用意し、子ども達の挑戦する環境を整えてあげましょう。

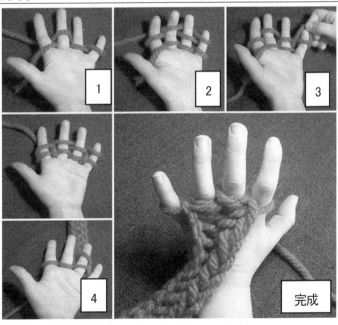

写真5−10　ゆびあみの作り方

〔出典：http://www.icreativeideas.com/how-to-do-finger-knitting〕

9. 新聞紙を使ったあそび

　新聞紙を使ったあそびは、雨の日の遊び例として紹介されたり、実習生が指導案を作成して取り組むあそびの定番となっています。

　新聞紙は生活に根づいた身近なものとして、新聞紙そのものの目的である情報発信機能以外の利用方法でも用いられることが多いです。たとえば、諸外国でも 1800 年代末に発刊された新聞紙が保存用の包み紙に使用され、日本でも掃除や湿気取り、野菜の保管などに用いられてきました。新聞紙を用いてあそぶという視点につながるものとしては、1900 年代の植物標本の抑え紙(押し花)や、1910 年代に画家ジョルジュ・ブラック(Georges Braque、1882-1963)とパブロ・R・ピカソ(Pablo Ruiz Picasso、1881-1973)によって作品中に新聞紙や包装紙などがコラージュ(糊貼り)されたことがあげられます。このように、意外と歴史が古い新聞紙とあそびの関係ですがその教育的効果としては、①文字や数、マークといった情報に触れ興味や関心を高めること、②軽く、少し力を加えると簡単に破ることかでき、水分の吸収力にも優れる性質からさまざまな形への変化が容易であり想像力と創造力が培われること、③ふれた際の感触や丸めたり破ったりする音を楽しむなど感覚に働きかけ、手指の巧緻性を高めることが考えられます。次は、新聞紙あそびの例について、3 歳未満児と 3 歳以上児にわけて紹介します。

　3 歳未満児は、身体の発達のなかでも手指の巧緻性の育ちやハイハイや座位などの歩行の確立までの育ちに合わせ、新聞紙をちぎる、破る、集めるといった方法で遊びを広げていきます。たくさんちぎった新聞紙を部屋中にまき散らし雨降りを再現して楽しんだり、雨をすべて拾い集めて、小さなビニールプールに入れて新聞紙お風呂に見立て、写真 5-11 のような新聞紙シャワーを楽しんだりします。細かいものを拾い集めるのが大好きな子ども達は、最後にビニール袋に新聞紙を集めるまでを思う存分楽しむことでしょう。

　3 歳以上児の新聞紙あそびとしては、屋外で思いっきり体を動かせない雨降り日の遊びとして、3 歳未満児でも取り上げた雨降りの再現がさらにパワーアップし、雨が降って「新聞紙の海ができた！」とその海を泳いだり、大きなビニール袋に新聞紙を回収した後には、新聞紙が詰まったビニール袋をソファに見立てて座ってくつろいだりとあそびが広がっていきます。

　筆者の幼稚園教諭時代にも 4 歳児クラスの新聞紙変身ごっこでは大変あそびが盛り上がったことを覚えています。子ども達は、新聞紙を破ったり折りたたんで洋服や帽子をつくって身に着け変身ごっこを楽しみ、「汗をかいたからお洗濯しよう」と、みんなで室内をぐるぐると洗濯機の動きを再現して歩きまわっていました。その後、筆者に物干し竿をつくってほしいと伝えにき

たため、物干し竿代わりにクラスに紐を張り巡らせたところ、身に着けていた新聞紙を紐に丁寧にかけてお茶を飲み、「あーおいしー！」とみんな満足したようでした。このようにイメージが共有できる年齢であるため、経験を組み合わせながらあそびが豊かに広がっていくことが可能なのです。その他にも、筒状に硬く丸めてスティックをつくり 2 本の新聞スティックの上にものを乗せて運ぶ競争や、スティックをねじって輪にした手作り輪

投げゲーム、並べた新聞紙の上を跳んで進むぴょんぴょん競争、1 枚の広げた新聞紙の上に立って 2 人でじゃんけんし、負けたら新聞紙を半分に折っていく新聞紙じゃんけん、紙聞紙 9 枚をテープでとめてつくったお布団にもぐるごっこ遊びなど遊びの幅が広がっていくのです。近年インターネットや SNS の情報収集が普及し、新聞紙の購買数が激減し園生活でのみ新聞紙に触れるという子どもが増加しています。そこで、お薦めしたい絵本が、よしだきみまろ作 (1989)『しんぶんしでつくろう』福音館書店です。新聞あそびを題材にした数少ない絵本です。ぜひ、新聞紙あそびの面白さとイメージを共有するきっかけとして手に取ってみてください。

写真 5－11　新聞紙をちぎって上に投げ、袋に入れて後片付けをし、
新聞紙の詰まった袋をボールに見立てて遊ぶ様子（1 歳児）

【ワーク 5－1】新聞を使った運動あそびを年齢別に調べ、友達と共有しましょう。また、新聞を使って、家などの構造物を作ってみましょう。

【参考文献】
・西野嘉章(2004)『プロパガンダ 1904-45 新聞紙新聞誌新聞史』東京大学出版会
・よしだきみまろ(1989)『しんぶんしでつくろう』福音館書店

10. わりばしペンでお絵かきあそび

　子どもが絵を描くとき、鉛筆や色鉛筆、ペン、クレヨン、筆、絵の具などの基本の用具や画材だけでなく、生活のなかで使っているものを用具として加えると表現の幅が広がります。その1つが、ここで紹介する"わりばしペン"とも呼ばれる、わりばしで絵を描く方法です。

　用意するものは、わりばし、画用紙、絵の具または墨汁、ペットボトルのふたなどの容器です。わりばしは、割ったものをそのまま使う方法とカッターや鉛筆削りで削る方法があります。そのまま使う場合、わりばしの角は細く、持ち手のほうは太いなど様々な太さの線を描くことができます。鉛筆削りで削った場合には均等に削れ、鉛筆のように細い線を描くことができます。カッターで削る場合には、削り方により様々な表現を楽しむこともできるでしょう。このような線の強弱やわりばし独特のかすれが、わりばしペンの魅力であり集中して表現を楽しむ力が身につく活動です。

　わりばしの用意ができたら、絵の具や墨汁を容器に入れ、わりばしを液に浸して画用紙に描いていきます。かすれてきたら、また絵の具や墨汁をつけるよう声かけを行いましょう。また、活動をする前の約束として、①わりばしを持って走らないこと、②わりばしを人に向けないことを子どもと共有しておきましょう。わりばしで絵を描くことに慣れてきたら、散歩で拾ってきた木や竹の棒で描いてみるのもおすすめです。身近な素材や自然物とかかわり、その性質に気づく活動にもなるでしょう。

写真5－12　カッターで削って描いている様子　　写真5－13　鉛筆けずりで削って描いている様子

【ワーク5－2】カッターで削ったわりばしと、鉛筆けずりで削ったわりばしを用意し、描き比べをしてみましょう。描き比べた後、実際に描いてみた感想を友達と共有しましょう。

11. 自然物を使ったおもちゃづくり

　園庭や散歩で拾ってきた自然物を使っておもちゃを作ってみましょう。その際に、いくつか大切にしたいことがあります。まず、自然物の魅力について保育者が理解するということです。自然のなかで遊んでいる子ども達をみると、木の棒、どんぐりや石、花、雑草など様々な自然物を手に握りしめて遊んでいる姿があります。自然物の魅力について知るためには、先生たち自身が拾って、触って、よく見てみましょう。それぞれの自然物をよく見ると、同じ種類でも大きさや色、形が少しずつ異なり、同じものはないという自然の多様性に気づくことでしょう。自然物の魅力は他にもたくさんあります。子ども達と一緒に自然物を探し、おもちゃを作りながら考えてみてください。

　次に大切にしたいことは、子どもが考えて作っていくプロセスを大事にすることです。年齢により、保育者が作ったものを子どもが遊ぶ場合もありますが、子ども自身が集めた材料で手や指を使い、自然物に触れ、素材を組み合わせて作っていくことで、この活動で育みたい想像力や創造力、主体性、集中力が身に付きます。自分で試行錯誤しながら一生懸命作ったオリジナルのおもちゃには自然と愛着がわくため、その後も遊びたい、使いたい、もう1回作ってみたいという意欲に繋がるでしょう。そのような経験の積み重ねが、自然物のおもしろさ、不思議さを感じ、幼児期に育ってほしい10の姿にもある自然との関わり、生命尊重の気持ちにつながります。このようなことを大切にしながら、次に、身近な草花を使ったおもちゃと自然物で作った迷路ゲームを紹介しますので、ぜひ、子ども達と作ってみてください。

　まず、自然物で作ったおもちゃの中でも、身近な葉っぱや雑草、花などを使って即興で作ることができるおもちゃを紹介します。多様な植物がある日本では古くから野遊びのなかで、草花を使っておもちゃを作り遊ぶという文化が伝承されてきました。草花で作るおもちゃの魅力は、何と言ってもその場ですぐに作って遊ぶことができることです。例えば、写真5－14のねこじゃらし（エノコログサ）で作ったうさぎのように、雑草を結ぶだけでうさぎの形となり一緒にお散歩を楽しんだり、そこにストーリーをつけ、お話をすることもできます。作り方は非常に簡単で、エノコログサを2本まとめて輪を作り、二重結びをするとうさぎの顔の出来上がりです。穂先の長いエノコログサを選ぶとうさぎらしくなります。身体はさらに2本使って作ります。他にも、カラスノエンドウの草笛、たんぽぽでのおひなさま、かきつばたやシ

写真5－14　ねこじゃらしのうさぎ

ュロで作るかたつむりなど、身近な草花で簡単に作ることのできるおもちゃがたくさんあります。ぜひ、作り方を調べて子どもと一緒に作って遊んでみてください。

　次に、園庭や散歩で拾った自然物を空き箱などの廃材と組み合わせて作った迷路ゲームを紹介します。用意する材料は、空き箱、木の枝、木の実などの自然物、そして画用紙です。道具は、はさみ、ボンド、のり、ペン、えんぴつなどがあるとよいでしょう。空き箱の底と同じ大きさに画用紙を切り、底にのりで貼り付けます。このとき、どのようなデザインにすると迷路が楽しくなるか、子ども達と考えながら絵を描いたり、シールを貼ったりしてもよいでしょう。画用紙を貼ったら、スタートとゴールを決め、拾ってきた自然物をボンドで貼っていきます。自然物の形を見ながら、貼る場所を考え、画用紙で作った"もういっかい""あたり"などと組み合わせるとより迷路が面白くなります。ボンドが乾いたらできあがりです。箱を傾けながら、どんぐりなどの実をころころ転がして遊びます。枝の配置や本数により難しさが変わってきますので、子ども達と考えながら作ってみましょう。

写真5-15　自然物で作った迷路ゲーム

　最後に、自然物を使ったおもちゃづくりや自然体験活動の方法が写真付きで具体的に掲載されている文献を参考文献に掲載しましたので、ぜひ、活用してください。

【ワーク5-3】近隣の公園に出かけてみて、自然物を採取しましょう。採取した自然物を用いて、子どもが遊べるおもちゃを自由に考案してください。

【参考文献】
・相澤悦子(2018)『あたらしい草花あそび』山と渓谷社
・大豆生田啓友・出原大・小西貴士(2022)『子どもと自然:あそびが学びとなる子ども主体の保育実践(Gakken 保育Books)』学研プラス
・カシオ計算機株式会社(監修)・株式会社Surface & Architecture(2018)『生き物としての力を取り戻す50の自然体験─身近な野あそびから森で生きる方法まで』オライリージャパン
・近藤宏・笹瀬ひと美・野原由利子(2010)『子ども図鑑　自然とくらしと遊びを楽しむ12カ月』合同出版
・鈴木八朗(2021)『子どもの心を動かす体験がそこにある！「自然遊び」でひろがる0歳からの保育』株式会社メイト
・長谷部雅一(2015)『ネイチャーエデュケーション』みくに出版
・フローレンス・ウィリアムズ(著)・栗木さつき・森島マリ(翻訳)(2017)『NATURE FIX 自然が最高の脳をつくる─最新科学でわかった創造性と幸福感の高め方』NHK出版
・山田辰美(2015)『自然遊び入門─草花、葉っぱ、木の実で作る』静岡新聞社

12. ひかるどろだんごづくり

　子ども達は、砂や土、泥を使った遊びに夢中になります。これらの素材には、どのような魅力があるのでしょうか。子ども達の様子をみていると、「さらさら」「どろどろ」「ふわふわ」「つるつる」などの感触を表す言葉がたくさん聞こえてきます。

　砂や土は、可塑性（かそせい）のある素材です。可塑性とは、物体に力を加えて変形させ、その力を取り去っても変形したまま元にもどらない性質のことです。乳幼児期には、特に可塑性の高い素材で遊ぶことが大切であるとされており、さわることで形が変わる素材は、何度も繰り返し遊ぶことができ、それによって手指の操作機能が向上し、作ったり・壊れたりする中で、工夫をして作り出そうとする集中力や忍耐力も養われます。また、加藤（2013）は、遊びに見られる科学的萌芽の研究において、砂場遊び、シャボン玉遊び、色水遊び、泥だんごづくりの5歳児の発言を分析し、泥だんごづくりは、科学的萌芽の基礎的な部分を構成していく気付きにつながるつぶやきや発言（例：ヌルヌルだから、すぐに固まるよ、そのうち）を誘発する遊びとして適していると考えられると述べています。

　さて、ここで紹介する"ひかるどろだんごづくり"は、泥や砂の気持ちよさや解放感、変化していく面白さを味わいながら、自分の手で作る上げる達成感を感じることのできる遊びです。みなさんも一緒に楽しみながら作ってみましょう。

【事例5－6】ひかるどろだんごの作り方

1. 土（砂）を選ぶ
　子ども達が"さらさら"と感じる粒子が細かい土（砂）がおすすめです。土のなかに葉っぱや小石、ごみや木くずなどがあればなるべく取り除きましょう。ふるいを使ってもよいでしょう。
2. 土（砂）に水を加え丸める
　土に少しずつ水を加えて丸く握っていきます。水を加えすぎたら、乾いた砂を加え、かたさを調整する工程を繰り返します。
3. 乾燥させて形を整える
　団子のように丸くなったら乾燥させましょう。表面に水分が出てきたら乾いた砂をすりこみ、形を整えていきます。これを何度か繰り返すと割れにくいどろだんごになっていきます。
4. 磨いてつるつるにする
　かたくなってきたら仕上げです。つるつるになるまで表面を撫でていきましょう。強くこするとひびが入ってしまったりするので、優しく磨きます。タオルやガーゼ、ストッキングなどで磨いてもよいでしょう。黒く光ってきたらひかるどろだんごの完成です。

【参考文献】
・加藤尚裕（2013）「5歳児の遊びに見られる科学的萌芽―砂場遊び、シャボン玉遊び、色水遊び、泥だんごづくりの事例を通して―」国際経営・文化研究 Vol.18 No.1、p.17-28
・くまがいゆか（2017）『U-CANの製作・造形ミニ百科』株式会社ユーキャン学び出版
・光橋翠監修（2014）『親子で作る！自然素材のかんたん雑貨＆おもちゃ』日東書院
・佐藤邦昭（2004）『身近な草や木の葉でできる作ろう草玩具』築地書館

13. 造形技法1 －吹き絵(ドリッピング技法)

　吹き絵は、別名ドリッピング技法といい、偶然性を取り入れた絵画技法です。多めの水で溶いた絵の具を筆に含ませ、画面に垂らす(drip・ドリップ)というところから、ドリッピングと名付けられ、画面に垂らした絵の具をストローなどで吹いたり、画面に傾斜をつけて絵の具を流したりして表現します。吹き絵は、偶然にできた形や絵の具の垂れ具合、重なりなどを楽しみながら、子どもの集中力や感受性を育むことができると言え、2歳頃から楽しく遊べます。以下、吹き絵の方法を紹介しますので、試してみましょう。

【事例5－7】吹き絵・吹き流しで遊んでみよう

【準備物】画用紙、水彩絵の具、水、筆またはスポイト、パレット、机の上に敷くシートや新聞紙

【遊び方】
1. 水彩絵の具を多めの水で溶きます。濃度は、色々と試してみましょう。
2. 溶いた絵の具を画用紙に垂らします。水で溶いた絵の具を筆にたっぷりと含ませ、画用紙の上からポタポタポタ・・・と絵の具を垂らします。上手くいかない時は、スポイトを使ってください。
3. 画用紙に落ちた絵の具のしずくをストローで吹きます。この時、吹く位置を変えたり、強く吹いたり、弱く吹いたり、吹き方に変化を付けてみましょう。

【留意点】
　ずっと吹いていると頭が痛くなることがあるので、子どもの様子をよく見て、長く続けている場合は休むように声をかけましょう。

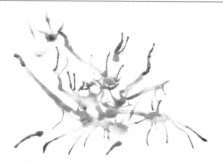

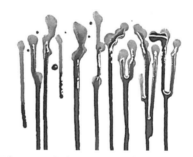

写真5－16　ストローでしずくを吹いた場合　　　写真5－17　紙を立てて、しずくを垂らした場合

【豆知識】
　保育現場では、吹き絵と呼ばれることが多い絵画技法ですが、芸術の世界ではドリッピング技法と呼ばれています。この技法は、アメリカの抽象画家であるジャクソン・ポロック氏(1912-1956)が世界で最初に取り組みました。ドリッピング技法は、しずくを吹いたり、傾けたりして表現するため、誰でも簡単にできそうな気がしますが、ポロック氏の作品は、大変高度な技術が用いられていることが数学者のリチャード・テイラー氏によって発見されました。彼は、ポロックの絵を解析し、その中でフラクタル構造を見出しました。フラクタルとは、部分を拡大した時にも、そのものの全体の構造を見出せるようなものを指します。(例:ロマネスコなどのつぼみの形)テイラーの研究により、ポロック氏のドリッピング技術は卓越したものであり、誰も真似できないとさらに評価されるようになりました。
【参考文献】Richard P.Taylor.2002. "Order in Pollock's Chaos" *SCIENTIFIC AMERICAN*:117-121.

14. 造形技法2　－ひっかき絵（スクラッチ技法）

　みなさんが幼かった頃、ひっかき絵をしたことはありませんか。ひっかき絵とは、2層に色を塗り重ねた後、上の層を割り箸などで引っ掻いて削り、下の層に塗った色を出す絵画の技法の一つです。「引っ掻く」「削る」ということからスクラッチ技法とも呼ばれます。

　できあがりの絵を想像しながら作り上げていくので、脳の活性化にも大きな効果があること、しっかりと塗りつぶしていく必要があるので、集中力や忍耐力が養われ、集中して取り組むうちに自律神経を整えることができると言われています。対象年齢は、集中して物事を取り組みはじめることができる4歳児以上が好ましいと思います。また、四つ切り（254×305）の大きな画用紙を使うよりも、まずは八つ切り（165×216）から試してみましょう。ひっかき絵をする際には、黒と他色の対比による美しさや色の変化も楽しんでください。

【事例5－8】ひっかき絵で遊んでみよう

【準備物】クレヨン、画用紙、割り箸などの引っ掻くもの（竹ひごや爪楊枝など）、机の上に敷くシートや新聞紙

【遊び方】
1. 画用紙に明るい色のクレヨンで、色を塗ります。最初に、線を引いて枠を作ると塗りやすいかもしれません。いろいろな色を丁寧に塗りましょう。
2. いろいろな色で塗った上に、黒のクレヨンを塗ります。下の層の色が見えなくなるように、丁寧に塗りつぶしましょう。
3. 割り箸などで、黒のクレヨンをひっかいて絵を描きます。ひっかいて絵を描くため、クレヨンの削りかすが出ますので、時々、削りかすを取り除きながら絵を描き進めてください。

【留意点】
　子ども達の中には、クレヨンできれいに塗った画用紙上に、黒のクレヨンで塗りつぶしてしまうことに抵抗感をもつ子どももいます。そのため、ひっかき絵をはじめる際には、保育者が先に見本を見せ、絵がどのように作られていくかという見通しをもたせてあげてください。

写真5－18　ひっかき絵の例

15. 造形技法 3 －はじき絵（バチック技法）

　はじき絵は、画用紙にクレヨンやロウ等の油性画材で線や絵を描いた上に多めの水で溶いた絵の具を塗り、油性のものが水をはじくという性質を上手く利用したもので、その変化を楽しむ技法です。バチックとは、インドネシアやマレーシアなど、アジア地域の「ろうけつ染め」のことを指します。そこから、はじき絵をバチックと呼んだりもします。

　白い画用紙に、白いクレヨンやロウで絵を描いた上に絵の具を塗ると、何も描かれていないように見える画用紙から、絵が浮き上がって見えるので、子どもはとても不思議がります。対象年齢は、クレヨンやロウを力を入れてしっかり描くことが望ましいため、3 歳児以上がいいでしょう。また、絵を描くことがあまり好きではない子どもに、挑戦させてほしい技法です。たて、よこ、ななめに線を引いて、その上から絵の具を塗るだけでも、立派な作品になります。絵が浮かび上がるという不思議な体験を通して、子ども達の好奇心を刺激してあげてください。また、色合いも効果的に考えてみるとよいでしょう。

【事例 5－9】はじき絵で遊んでみよう

【準備物】画用紙、水彩絵の具、パレット、太めの筆、クレヨン、ロウ、机の上に敷くシートや
　　　　新聞紙

【遊び方】
1. 画用紙にクレヨンやロウで、絵や模様を描きます。この時、力を入れてしっかり描くようにします。そうすることで、絵の具をしっかりはじき、効果がより良く現われます。
2. 多めの水で水彩絵の具を溶き、描いた絵の上に、溶いた絵の具を塗ります。絵の具の色は、クレパスで描いた色の補色を塗ると、きれいに浮き上がります。

※補色とは、色相が反対の色のことです。たとえば、クリスマスでよく見かける赤色と緑色は、
　補色関係になります。他にも、黄色と紫色、オレンジ色と青色です。

写真 5－19　はじき絵の例

写真 5－20　はじき絵でだんごむしを表現
（広陵町立広陵東小学校附属幼稚園　園児の作品）

16. 造形技法4　ータンポあそび

　タンポとは、ガーゼに綿や布などを詰めて、紐や輪ゴム等で縛った絵の具遊びの道具のことです。もともとは、拓本をとる際、墨をつけるのに用いる道具のことを指しています。

　タンポあそびは、筆やクレヨンをもつ前の0歳児から楽しめる絵の具遊びの一つです。模様のつく面白さを味わいながら、指先の感覚を使った遊びを経験できます。ポンポンポン…とリズミカルにタンポをおしながら表現する中で、子どもは歌を口ずさみはじめたり、何かのお話が生まれてくるかもしれません。また、力の入れ方次第で、同じタンポでも違う形が表れたり、筆のように動かすといろいろな線ができたりして、子どもの興味や表現する楽しさが高まる遊びです。

【事例5-10】タンポを使って表現してみよう

【準備物】画用紙、タンポ、水彩絵の具、絵の具の溶き皿（プリンやゼリーの空き容器など）、
　　　　水、机の上に敷くシートや新聞紙

【タンポの作り方】
1. ガーゼ、綿、輪ゴムを用意する。
2. ガーゼを適当な大きさに切り、その中央に綿を置く。
3. ガーゼの四方を中央に集めて綿を包み、てるてる坊主を作るように輪ゴムできつくとめる。
4. 持ち手になる部分を適当な長さに切り、輪ゴムできつく巻く。

【遊び方】
1. 絵の具を入れた容器ごとにタンポを用意しておきます。
2. 使いたいタンポを選んだ後、ポンポンポンと画用紙におしていきます。保育者がシャツの形に切った画用紙を用意し、それにタンポを押すことで、水玉模様のシャツができあがります。そうした工夫を入れて、遊んでみてください。

【注意点】
　ガーゼの代わりに、いろいろな布でも試してみましょう。持ち手になる部分に割り箸を使ってもよいのですが、特に小さい子どもが使う場合には、気をつけるようにしましょう。

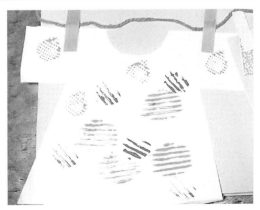

写真5-21　さまざまな布の素材を使ったタンポの例

17. 造形技法5 ―フィンガーペインティング

　フィンガーペインティングは、筆などを使わずに手や指に絵の具をつけて絵を描く技法のことです。人間が編み出した造形表現において、フィンガーペインティングは最も原始的な技法とされています。手や指、そして、服や体を汚してもよいという環境の中で、子どもは自由にのびのびと表現ができるため、どの子どもも喜びながら活動に夢中になります。

　フィンガーペインティングは、1940年代頃から、児童心理学者によって子どもに対する心理療法であるプレイセラピー（遊戯療法）として用いられるようになり、その後、世界中で幅広く認知されるようになりました。現在では、アートセラピー（芸術療法）としても取り組まれています。

写真5－22　1歳児のフィンガーペインティングと保育者の一工夫

林ら（2016）によると、フィンガーペインティングは、手指から表現が生まれることによる驚きや感動、繊細さを追求し難い結果としての大胆さにより、爽快感や心的緊張の発散などの効果があるとしています。また、直に絵の具の感触を味わえることや色の混色を目で見て楽しむことができることから、五感（視覚、聴覚、触覚、味覚、嗅覚）を通して脳が刺激されます。自由度が高い技法であるため、1歳頃から挑戦することができます。

【事例5－11】フィンガーペインティングで遊ぼう

【準備物】画用紙、水彩絵の具、机の上に敷くビニールシート、雑巾、タオル

【遊び方】
1. フィンガーペインティングは、手や指で絵の具を取って絵を描きますので、かなり汚れると想定し、汚れても良い環境を整えます。
2. 手のひらに絵の具を広げ、画用紙に押し付けたり描いたりします。
3. 最初は、1色から始め、だんだんと色を増やしていきます。混ざってもきれいな色になるよう、配色を考えて描いてみましょう。

【注意点】
　絵の具を直にさわることを嫌がる子どももいますので、無理強いはしないようにしましょう。また、年齢が低い場合、誤飲をしないように子どもを見守ってください。そして、室内で行う場合は、大きめのビニールシートを使用し、汚れてもいい環境を整えてください。保育現場では、暑い日には園庭で水着を着てすることもあります。

【参考文献】
　・林牧子・髙橋敏之（2016）「保育者の子ども理解を促す造形的イメージワークの有用性と今後の課題」
　　美術教育学研究第48号、pp.329-336

18. 造形技法6　－デカルコマニー

　デカルコマニーとは、フランス語の転写する(décalcomanie)という単語が由来です。造形手順としては、まず画用紙に半分の折り目をつけ、片側に絵の具で線や点、形を描きます。次に折り目のところで再び半分に折り、描いていない片側に絵の具を写すことで左右対象の形が現れます。きれいに写すためには、水分と絵の具を多めに作っておき、たっぷりと筆に含ませて描きましょう。絵の具を写す時、画用紙を閉じている時間をあまり長くすると、絵の具により画用紙が接着してしまう場合がありますので、手早く開けてみましょう。鮮やかな色を表現したい場合は、絵の具のチューブをそのまま紙の上に絞り出して描くことも可能です。一度開けた後で、色や形を付け加え、再度同じ場所で折り畳んで閉じることで、色や形を追加することもできます。

　デカルコマニーの醍醐味は、半分に折った画用紙を開ける瞬間の楽しみです。片面に描いた形が左右対称になると思いもよらない形となって出来上がってくることで、発見と喜びにつながります。何度か繰り返すうち次第に形を予想しながら絵の具を置くこともできるようになり、小さな子どもと行うときには、絵の具を塗る部分で注意が必要な場合もあるかと思いますが、保育者の支援の元で行えば、自信も持てるようになるでしょう。絵の具がはみ出したり思ったようにならなくてもあまり気にせず、偶然できた形を味わったり、お互いに見せ合ったりして形やその仕組みを楽しみましょう。技法の面白さを味わうことが形への感覚を育てることにつながります。

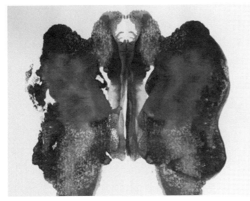
写真5－23　学生作品1

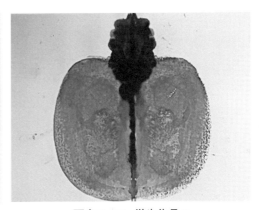
写真5－24　学生作品2

【ワーク5－4】A4程度の大きさの画用紙を半分に折り、デカルコマニーに挑戦してみましょう。開いて現れた形をよく見てみましょう。何が見えてくるかな？また、作品にタイトルをつけて、友達と共有してみましょう。

19. 造形技法7　－フロッタージュ

　フロッタージュとは、凸凹のある平面状のものに薄い紙をあて、鉛筆などの硬めの描画材で擦って形を写しとる技法です。コインを使ったフロッタージュは簡単に体験することができます。

　子ども達の身近な物としては、虫かごの網や板状のブロックなどを土台にフロッタージュを行うことができます。自然物での体験と連動させる場合は、保育者があらかじめ公園や園庭で葉脈がはっきりとしてフロッタージュに適した植物の場所を探しておき、子ども達と散策に出かけ、一緒に採取するのも良いでしょう。園に帰ったら、何種類かの葉で葉脈が浮き出てきれいな形になるかどうか試してみると良いと思います。

　この技法は鉛筆の持ち方や筆圧の調節が必要で、子どもにとっては高度な手先の動かし方が必要になってきます。上手に写しとれた子ども達にとっては、指や手の発達を実感できる良い機会となるでしょう。描画材は、色鉛筆やクーピーなど、筆圧が紙の表情に出やすいものが適していますが、難しい場合はクレヨンでも良いかもしれません。色鉛筆や鉛筆の先は芯を長めに出して寝かせ、また芯の先はやや丸みを帯びている方が、美しく形が浮き出るでしょう。フロッタージュを行った紙をさらに切り取ってコラージュとして画用紙に貼り、秋の落ち葉や魚の骨などの表現に使用したりすることもできます。フロッタージュの表現から想像の世界が広がるのも楽しいものです。

写真5－25　葉っぱのフロッタージ

写真5－26　ブロックのフロッタージュ

【ワーク5－5】日常生活の中から、フロッタージュがきれいに作品になりそうな凹凸のある身近な素材を探し、実際に試してみましょう。実物を写しとった作品の味わいの違いを鑑賞してみましょう。

20. 造形技法 8　―にじみ絵

　にじみ絵とは、特定の紙が水分を中に含ませる性質を生かして、絵の具などの色を染み込ませる技法です。日常的にはコピー用紙や画用紙などのにじみ止め加工されている紙に触れている子ども達にとって、色が染み込む体験は、身の回りの材料への素朴な発見となると思います。にじみ絵は、素材に直に向き合い、独特の繊細な表現の感覚を育てる良い機会になるでしょう。日本には和紙の素材の特性を利用してにじみ具合を調整して絵を描く水墨画の伝統的な技法があり、中学校でも図画工作や美術、社会などの教科の中で取り上げられる機会もありますので、ぜひ保育活動の中でその基本に触れる経験を持ちたいですね。本格的な墨絵は、絵の具や墨を含ませた筆と水を含ませた筆を用意して水分調整をしながら和紙の上に描くことになりますが、写真 5－27 のようにコーヒーフィルターを水で濡らし、水性のペンで描いて簡単に行うことが可能です。

　絵の具や墨、水性ペン、どのような方法でも、水に濡れている時は色が濃く、乾くと薄くなります。乾いた後を予想してやや濃く色つけを行っておくと良いでしょう。

写真 5－27　学生作品 1

写真 5－28　学生作品 2

【ワーク 5－6】身近にあるさまざまな紙を水で濡らし、色の染み込む紙を探してみましょう。また、見つけた紙に色水を染み込ませ、染み込みの違いを観察してみましょう。

21. 造形技法 9 ー折り染め

　折り染めは、にじみ絵と同じく和紙の特性を利用して紙に色を染み込ませる技法です。専用の染色用和紙を使用した方が、模様が美しく出ます。染料は、絵の具を水で溶いたものでも構いませんが、市販の和紙染め染料は染み込みがよく、一度購入すれば多くの和紙を染めることができます。和紙はジャバラ折りや三角折りに畳んで、すぐに染めない場合は写真5－29のように輪ゴムをかけておきます。やや深い容器に 3～5 種類の色を作っておき、和紙の角の部分を浸し、染み込ませます。この活動におけるポイントは、和紙を広げる場面です。染料を染み込ませた和紙は非常に破れやすいので、ゆっくりと折った順番をさかのぼりながら開いていきましょう。模様の全体像が見えた時に感動が訪れます。

写真 5－29　和紙の保存方法

　保育活動で行う場合は、それぞれの子どもが和紙を広げる瞬間に保育者や友達が立ち会って、その喜びを分かち合えると良いでしょう。汚れ防止のためには、保管する場所に予め十分な広さに新聞紙などを広げておきましょう。また、洗濯紐と洗濯バサミによって吊るして乾燥するのも楽しい空間づくりとなります。

　完成作品は、窓に貼ったり箱に貼り付けたり、ノートカバーを作ったりなど、日常で使用する品々に加工することが可能です。生活を彩るものを自ら作り出す活動は、小学校の図画工作科や生活科への接続としても非常に良い体験であると考えられます。

写真 5－30　イベント会場での乾燥風景

【参考文献】
　・桂屋ファイングッツ株式会社「みやこ染め」『和紙染カラーセット解説書』
　・山本俊樹編著(2016)『みんなのおりぞめ』仮説社

22. 子どもと共につくる壁面構成

　子ども達が登園して保育室に入ったその瞬間、
色鮮やかな素材でつくられた壁面飾りが目の前に
広がり、今日も楽しい一日が始まることを期待させ
てくれます。ここでは、保育室内の主な壁面構成と
して、新年度開始と同時に保育者によって製作さ
れ年間を通して掲示される誕生日表と、月毎の季
節イメージや園生活の内容に即した壁面製作を取
り上げていきます。

写真 5−31　雨の日のかえる（5 歳児）
保育者が雨と水たまりを作り、子どもが折り紙で
かえるを表現した作品（三郷町立西部保育園）

　誕生表は、クラスの子ども達一人ひとりの誕生日を祝うものであり、年度初めから 1 年間常
設で壁面に展示されることがほとんどです。子どもの名前と誕生月日、そして、個々の写真な
どを色画用紙などの素材で作成した作品と合わせての展示が多いといえます。子どもが親し
みを持てるよう前年度のクラスで一番好きだった物語の世界をテーマに作成したり、各誕生月
の季節感に合わせたりといった工夫がされています。また、その教育的効果には、祝われ祝
うという経験から自分が愛されこのクラスに受容されていること、自分と同様に友達も大切な
存在だと実感し、保育者とクラスの友達への親しみから得られる心の安定や所属意識の芽生
えが期待できます。小さな保育室の場合は、月毎に誕生児のお祝いを掲示するスタンド型な
どが作成されています。常設の誕生表は年度末に、月毎のスタンド型は月末に子どもにプレ
ゼントすることで、園生活で得られた祝福の喜びを家庭へと持ち帰えられるようにするとよい
ですね。

　壁面製作とは、月初めにその時期の季節感や子どもの興味と関心を大切にしながら、画用
紙やビニールなどのいろいろな素材を用いて製作をおこない壁面に展示するものです。保育
における環境とは、保育者が子どもに与えるものばかりではなく、子どもが主体的に環境と関
わりながら育つことが本来の環境を通しての保育の姿です。現在では、保育者だけでなく子ど
もと共にクラスの壁面をつくることが定着してきています。そして、この壁面製作の教育的効果
としては、まず、友だちと保育者と共につくり出した壁面製作の作品を日々の園生活のなかで
いつでも見て確認できることによって安心感や安定感、クラスへの愛着や所属意識が育つと
考えられます。また、作成過程での楽しかったり、試行錯誤したりした思い出や、完成した際の
達成感と満足感や喜び、といった様々な心情を味わい、自己肯定感や自信が培われます。さ
らに、「次はどのようなものをつくろうか」といった想像力の育ちと次への意欲と期待感につな

がったり、友達や保育者とコミュニケーションをとる際の手段となり会話が広がったりなど、さまざまな子どもの育ちの姿が期待できるのです。ただし、障がいのある子どものなかには、たくさんの情報が視界に入ると、不安を感じて落ち着かない場合もあります。クラスの子どもの発達状況を丁寧に把握し、壁面製作を毎回同じ場所に展示するといった配慮も求められてくるでしょう。

　壁面製作を保育に取り入れる際には、主に二通りの方法があります。1つめは、年度開始前に年間計画として子どもの姿を予測し試作品までを準備し、実際の子どもの姿から毎月製作内容を修正実施する場合です。たとえば、3歳10月の壁面製作テーマ「みんなのりんごの木」であれば、イラストのように壁に大きな1本の木を保育者が展示しておき、りんごに関する絵本などを親しみ、その後、子どもがそれぞれりんご型の線が描かれている画用紙をハサミで切り取ってから、好きな素材を飾りつけたり自由に絵を描いて壁面に貼ったりする方法があります。また、表現遊びの中心的内容として壁面製作を取り入れている園では、壁面製作のテーマと内容を毎月子どもと共に考え、つくり上げていく方法もあります。共に考え、意見を伝えあえるようになる4・5歳児クラスで取り入れられることも多いでしょう。どちらの場合も、子ども自身が素材を選択して主体的につくれる環境構成が重要であり、自然物や、使いかけの小さな色画用紙など、安全性に配慮し、すぐ子どもの手が届く常設の素材置き場が必要といえますね。

写真5−32　かたつむりとあじさい（4歳児）
保育者が画用紙でかたつむりとあじさいの形をつくり、
子ども達がクレヨンやスタンプで表現した作品
（広陵町立広陵北かぐやこども園）

写真5−33　だんごむしといちご（4歳児）
保育者が茶色の画用紙でだんご虫が歩く道をつくり、子ども達がイチゴ畑を歩くだんご虫を表現した作品（広陵町立広陵東小学校附属幼稚園）

レッスン 6　STEAM 教育を取り入れた保育実践

1. STEAM 教育とは

　現代社会は、AI(Artificial Intelligence)やIoT(Internet of Things)といった技術の進展により、私たちの生活は急速に変化してきました。あらゆる環境が目まぐるしく変化し、予測できない状態を表した言葉として、VUCA（ブーカ）時代という言葉も生み出されています。VUCA 時代とは、Volatility（変動性・不安定さ）、Uncertainty（不確実性・不確定さ）、Complexity（複雑性）、Ambiguity（曖昧性・不明確さ）という 4 つのキーワードの頭文字からできた言葉です。これからの時代は、計算問題や漢字の問題で満点が取れる人ではなく、あらゆる変化に対して自分のもっている知識や他者の意見を組み合わせて、新しいアイディアを創り出せる人が求められていると言えます。その中で、2020 年度以降の小・中・高等学校における新学習指導要領には、プログラミングやデータサイエンスに関する教育、統計教育に加えて、この STEAM 教育の推進が提言されました。STEAM 教育とは、科学(Science)、技術(Technology)、工学(Engineering)、芸術・リベラルアーツ(Arts)、数学(Mathematics)の 5 つの領域の頭文字を組み合わせた教育概念であり、「各教科での学習を実社会での問題発見・解決にいかしていくための教科横断的な教育」とされています。

表 6−1　STEAM 教育の分野と内容

分野	内容
科学（Science）	自然科学を観察し、課題を模索すること
技術（Technology）	目的のために、最適な方法を見出すこと
工学（Engineering）	仕組みをデザインし、新たな価値を生み出すこと
芸術・リベラルアーツ（Arts）	芸術、文化、生活、経済、法律、政治、倫理等を含め、新たな発見やイノベーションの源泉となる創造性を引き出すこと
数学（Mathematics）	数字的なデータから関係性を見出し、論理的に表すこと

〔出典：Yakman,G.(2008):STΣ@MEducation: an overview of creating a model of integrative education,
　　https://www.researchgate.net/publication/327351326_STEAM_Education_an_overview_of_creating_a_model_of_integrative_education、pp.15-16(2023/5/26 閲覧)を参考に、筆者作成〕

　さて、STEAM 教育と聞くと、なんだか難しそうに思われるかもしれませんが、すでに日頃の保育活動から取り入れられていることです。栽培・飼育活動は、生物学や農学の分野になりますし、おもちゃ作りなどの製作活動は芸術や工学の分野の基礎になります。たとえば、栽培活動をSTEAM教育として捉えた場合、単に草花や野菜を育てるだけでなく、葉っぱの形や大きさなどを観察して違う植物と比較したり、害虫が発生した場合、どんな種類の虫が発生したのかを調べるなど、自分で考え行動する力を育むことになります。それでは、幼児教育にて取り入れられるSTEAM教育の事例を取り上げますので参考にしてください。

2. 泳ぐカラフルな熱帯魚 ―ペットボトル水族館をつくろう

ペットボトルと魚の形をしたタレびんで、水族館を作ることができます。このペットボトル水族館は、手でペットボトルを強く握ると、水圧によって中にあるタレびんが下に沈んでいく様子が見られます。これは、タレびんの中にペットボトル内の水が入り、浮力が小さくなるからです。また、緩めると、たれびんから水が出て浮力が大きくなって上昇します。これは、「浮沈子」（ふちんし）と呼ばれるもので、パスカルの原理を利用したおもちゃです。目と手で動きを感じ取りながら、不

写真6－1　ネジ、タレびんなどの材料

思議な現象を楽しめるペットボトル水族館は、小学校理科第4学年の「閉じ込めた空気と水」の学習につながり、普段の生活の中では味わうことの少ないおもしろい体験ですので、一度、作って遊んでみて下さい。

【事例6－1】ペットボトル水族館をつくろう

【準備物】炭酸飲料のペットボトル、魚の形をしたプラスチックのタレびん2つ、タレびんの口に合うネジ2つ

【作り方】
1. タレびんを油性のマジックペンで着色し、その口にネジをはめます。
2. タレびんに水を半分くらい吸い込ませた後、コップに入れた水に浮かべ、指で軽く押すと沈み、尾びれだけが浮き上がってくるように調整をしておきます。
3. ペットボトルに海藻や岩、魚、イカ、タコなどの海の様子を描いて、水族館の雰囲気を作ります。
4. 水族館の絵を描いたペットボトルの中に魚のタレびんを入れ、水を満水にして空気を入れない状態にします。その後、ふたをしっかり締めて完成です。

【遊び方】
1. ペットボトルを強めに握ったり・緩めたりすると、魚のタレびんが上下に動くので、その動きを楽しんでください。
2. ペットボトルを強めに握るとどうなるか、ゆっくりペットボトルを抑え続けるとどうなるか、押す力と沈み方の関係を観察しながら遊んでください。

【ポイント】
・炭酸飲料のペットボトルは、胴が真っ直ぐのものを選んでください。
・たれびんに入れる水の量を変えると、どうなるか実験してみてください。
・食用色素で水を薄青などに着色をすると、さらに雰囲気がでます。

写真6－2　ペットボトルを握って圧力を掛ける様子

3. 風をとらえてあそぼう －ストロー飛行機をつくろう

　ストロー飛行機とは、飛ばし方や作り方によっ
て、空気から揚力を受けて浮き上がったり空気の
抵抗を受けてスピードダウンしたりする飛行機で
す。投げる向きや強さで面白さを体感したり羽根
の形や位置を自在に変化させたりして、工夫を楽
しむことができます。紙飛行機とは異なり、真っ直
ぐに飛ぶのが特徴です。

　ストロー飛行機の原理は、飛行機そのもので
す。飛行機は、胴体と翼があります。ストロー

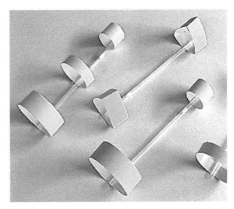

写真 6−3　さまざまな形のストロー飛行

飛行機の場合、胴体部分がストローで、翼は輪っかの部分になります。前後の輪っかが翼の
役割を果たすため、飛ぶ原理自体は飛行機と同じ構造をもっています。なお、この遊びは、小
学校理科第3学年の「風の力のはたらき」の学習につながります。

【事例6−2】　ストロー飛行機をつくろう

【準備物】幅2cm、長さ15cmと10cmに切った色画用紙を各1本、曲がらないストロー、
　　　　　15〜18mm幅のセロハンテープ

【作り方】
1. 幅2cm、長さ10cmと15cmに切った色画用紙
　をストローにセロハンテープで留めます。
2. 色画用紙の端をそれぞれセロハンテープで
　つないで輪にして完成です。

【遊び方】
1. 飛ばす際には、小さい輪っかのほうを前に
　して、水平方向に滑らせるように投げます。
2. 飛ばし方になれてきたら、色画用紙の幅、長
　さ、輪の大きさや形を変える（三角、四角、な
　ど）、ストローの数を増やしてみるなどして、
　イメージに合った飛び方をする飛行機づくりを試してみてください。

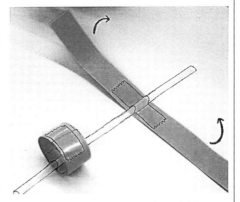

写真 6−4　ストロー飛行機の製作過

【ポイント】
・飛ばす角度、投げる強さなどを変化させて飛び方を比べてみましょう。
・色画用紙の幅、長さ、輪の大きさや形を変える（三角、四角、など）、ストローの数を増やし
　てみるなど工夫して、イメージに合った飛び方をする飛行機づくりを試してみてください。
・小さい輪っか側のストローの部分にクリップをつけて重くすると、前方への推進力が
　増します。
・友達のストロー飛行機と飛ばし合い、飛行距離を測って比べてみましょう。

---

4. ダンボールの手でグー、チョキ、パー

－ロボットハンドをつくろう

近年、ロボットは、介護現場や身体的補助の役割として活躍し、ますます発展を遂げています。このロボットハンドは、ロボット技術を身近に感じられる教材であり、指が曲がったり伸びたりするはたらきの一部が分かる手のモデルです。腱（けん）の働きをするたこ糸を引っ張ると、指が曲がり、緩めるとひらきます。ストローは腱を包む腱鞘（けんしょう）に当たります。グー、チョキ、パーを作ったり、ピースを作ったり、軽いものをつかんだりする遊びを通して、体のつくりにも興味をもつことがで

写真6－5　ひもを引くとチョキ！

きます。なお、この遊びは、小学校理科第4学年の「骨や筋肉と運動」の学習につながります。

【事例6－3】ロボットハンドをつくろう

【準備物】20～30㎝角で折り目のないダンボール紙、長さ30㎝程度の太めのたこ糸5本、
　　　　ストロー：2、3㎝の長さのストロー2、30個、強力両面テープ、鉛筆

【作り方】
1. ダンボール紙に自分の手の載せ、指よりもやや大きめに形を書き写して切り抜きます。
2. 指の関節の場所に合わせて、ダンボール紙に折り目をつけます。
3. 2. の折り目の長さより少し短めのストローを強力両面テープで固定します。折り目ごとにストローを留める際、タコ糸が通りやすいよう真っ直ぐに固定します。
4. 指ごとのストローの列に、指先からたこ糸を通します。たこ糸は、ストローから抜け落ちないように玉結びを作って完成です。

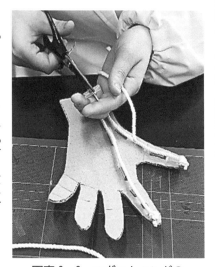

写真6－6　ロボットハンドの
　　　　　製作過程

【遊び方】
1. たこ糸をゆっくりと引っ張り、じゃんけんなどの形を作ってください。

【ポイント】
・ストローの長さやストローの貼り付け方を変えたりして、動きやすくするための工夫をしてみましょう。
・指の形も工夫したり、腕を付けるなどして、動きを楽しみましょう。

---

5. もしもし！？私の声、聞こえますか？ －糸電話をつくろう

みなさんの子ども時代に、糸電話を作って遊んだ記憶はありますか。糸を通じて音が伝わることを不思議に思ったことがあったのではないでしょうか。音は、音波として空気中を伝わる他に、固体や液体を通して伝わります。糸電話は、糸が振動して遠くまで声が届く仕組みです。空気で伝わる音は、遠くに行けば行くほど、小さくなっていきますが、糸を使って伝わる音は、音が小さくならずに遠くまで届きます。

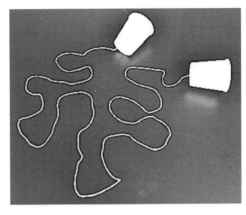

写真6－7　紙コップでもしもし糸電話

糸だけでなく、どのような素材であれば、音が伝わるのかといったことを実験してみるのも面白いです。いろいろな素材で試してみると、はっきり聞こえるときは糸やものが震え、コップの底も震えていることに気付きます。なお、この遊びは、小学校理科第3学年の「光や音」の学習につながります。

【事例6－4】糸電話をつくろう

【準備物】紙コップ 2 個、きり（シャープペンシルや鉛筆で代用可）、たこ糸：長さ 1～3mの太めのたこ糸、竹ひご：2～3 cmの長さに切った竹ひご 2 本、15～18 mm幅のセロハンテープ、はさみ

【作り方】
1. 紙コップの底に、きりで1、2 mmの穴を開けます。
2. 1. の穴にたこ糸を通し、通したたこ糸の先に竹ひごを結びつけます。
3. 紙コップの内側の底に 2. の竹ひごをセロハンテープで留めます。
4. もう一方の紙コップも同じように作って完成です。

【遊び方】
1. 2 人 1 組で、糸を張る強さを変えて、音の聞こえ方を調べます。
2. 他にも、糸を指で挟むなどして、聞こえ方を調べてみましょう。

写真6－8　底に竹ひごを留め

【ポイント】
・紙コップを 3、4 個に増やし、三方向、四方向に糸を張って聞こえるか試してみましょう。
・たこ糸の代わりに、ゴムひもや鎖、針金、毛糸などを使って聞こえるか試してみましょう。
・プラスチックのコップでも製作し、音の伝わり方を試してみましょう。
・たこ糸を 5～10mまで伸ばし、またはそれ以上の長さになっても聞こえるか試してみましょう。

---

6. 磁石とモールでぴったんこ　－磁石をつかってあそぼう

　磁石は、N極とS極の2つの極をもち、異なる極同士でくっつき、同じ極同士では反発し合います。また、鉄などの金属を引き寄せる性質をもっています。磁石が、まわりの鉄と引き合ったり、反発し合ったりする力を「磁力」といいます。磁石のまわりには磁力が働いており、この範囲のことを「磁界」と呼んでいます。今回は、鉄などを引き寄せる磁石の性質を利用して遊んでみましょ

写真6－9　磁石とモールがくっつく様子

う。磁石を使った遊びをSTEAM教育の視点から考えると、S（科学）は、磁石に鉄を含むものがくっつく様子を楽しんだり、ものが磁石の影響を受ける範囲知ること、T（技術）は、切ったり、貼ったり、蓋を閉める、手指を使うなど、E（工学・ものづくり）は、ガラス瓶だったらどうかなど他の容器の使用をイメージする、A（芸術・リベラルアーツ）は、モールを動かして、自分がイメージする形に表現する、M（数学）は、磁石にものがいくつくっついたかを数えることと言えます。さまざまな素材を用いて遊ぶことで、実感を通してものの特性を知っていくことができるでしょう。なお、この遊びは、小学校理科第3学年の「磁石の性質」の学習につながります。

【事例6－5】磁石を使って遊ぼう

【準備物】ペットボトル1本、モール、磁石（掲示用の磁石）、折り紙、クリップ、セロハンテープ、
　　ハサミ、身近にある素材（紙、粘土、砂など、磁石にくっつくかどうかを試すための素材）

【作り方】
1. モールを2cm程度の大きさに切ります。
2. ペットボトルの中にモールを入れ、ふたを閉めて完成です。

【遊び方】
1. ペットボトルに磁石を近づけ、中のモールを動かして遊びます。
　　慣れてきたら、他の素材をペットボトルの中に入れて、くっつけてみましょう。

【ポイント】
・折り紙にクリップをセロハンテープで貼り付けて、ペットボトルの中に入れ、磁石を近づけて、
　その動きを見ます。他にも、くっつくもの、くっつかないものを試して分類してみましょう。

【留意点】
1. 2023年5月、経済産業省から「磁石製娯楽用品」についての注意喚起がされています。
　　誤飲での事故がないように使用する磁気の強さや使用する磁石の大きさを確認しましょう。
2. クレジットカード、キャッシュカード、通帳、クオカードなど磁気記録されているものは、磁石
　　の影響を受けますので、磁石を近づけないようにしましょう。

---

7. ストローで、音をならそう －ストロー笛をつくろう

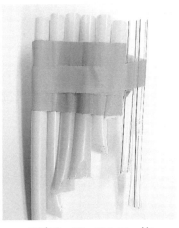

写真 6－10　ストロー笛

　皆さんは、葉っぱを口に当てて、音を鳴らしたことはありますか？葉笛というもので、2枚の葉っぱを重ねて吹いたり、葉っぱを巻いて、ストローのような形にして息を吹いて鳴らします。今回は、ストローをつかって、簡単な笛を作ってみましょう。長さや太さの違うストローを使うことで、いろいろな音を作って楽しむことができます。葉笛もストロー笛も、音が鳴る科学的原理は同じです。音は、空気の振動によって起こる「波」です。息をストローの中に吹き込むことで、ストローの中の空気が振動し、音が出ます。ストローの長さや太さによって、振動が変化するので、音の高さも変わります。

　ストロー笛を鳴らして遊ぶことをSTEAMの視点から考えると、S（科学）は、ストローの長さや太さによる音の違いに気づくこと、T（技術）は、切ったり、貼ったり、つぶしたり、手指を使うなど、E（工学・ものづくり）は、音の違いが分かるように並べて繋げること、A（芸術・リベラルアーツ）は、自分なりに吹き方を試して、様々な音色を楽しむこと、M（数学）は、ストローの長さを変えることで音階ができることに気付くことです。なお、この遊びは、小学校理科第 3 学年の「光や音」の学習につながります。

【事例 6－6】 ストロー笛をつくろう

【準備物】ストロー10 本（長さや太さの違うもの）、セロハンテープ、はさみ、マスキングテープ

【作り方】
1. ストローを適当な長さに切ります。
2. ストローの片側をつぶして、空気がもれないように、セロハンテープで留めます。
3. 試しに吹いてみて、音が出るかを確認して、完成です。

【遊び方】
1.　ストローを吹いて、音を鳴らします。鳴らし方がわかったら、ストローの長さを変えてみて、ストロー笛を作ってみましょう。
2. ストロー笛で音階をつくることができたら、ストローを音階順に並べるなどして、マスキングテープで留めて、1 つの笛にして遊びます。

【ポイント】
・吹き方のポイントとして、ストローの口に向かって水平に息を吹きかけてみましょう。
・ドレミファソラシドの音を作りたい場合、直径 8 mmのストローを使用し、ストローの長さをド＝16 cm、レ＝14.2 cm、ミ＝12.7 cm、ファ＝12 cm、ソ＝10.7 cm、ラ＝9.5 cm、シ＝8.5 cm、ド＝8 cmとしてください。音階を上手く創ることができます。

レッスン 7 場面指導の練習をしてみよう

1. 園における子ども同士のトラブル対応

　子どもは、子ども同士の関わり合いを通じてさまざまな感情を経験し、他者と関わる力を身につけていきます。その過程で生じるトラブルは、一見良くないことのようですが、他者や自分の気持ちに気づき、ゆずり合いや協力、思いやりを学ぶ貴重な経験となります。現代は少子化により、子ども同士のトラブルの機会は減っていると思われます。園での経験が子どもの成長につながるよう、安全面に十分配慮しつつ、適切に対応できる力をつけましょう。以下は、年齢別のトラブルの様子と対応です。

　0歳から2歳頃は、一人遊びや並行遊びが中心ですが、近くで遊んでいる子どものおもちゃに興味を示し、取り合いから叩き合いや噛みつきが起こります。保育者は積極的に止めに入り、「こっちに〇〇があるよ」などと声をかけながら別の遊びに誘導するなどして、子ども達が好きな遊びに没頭できるよう環境を整えましょう。「イヤ！」「〇〇の！」と自己主張するようになった子どもには、温かい口調で「順番に使おうね」「貸してって言ってごらん」などと伝え、子ども同士の言葉による伝え合いを育むことも大切です。

　3歳から4歳頃にかけては、自分中心から相手の気持ちに気づき始める時期であり、保育者による丁寧な関わりが重要になる時期です。以下の事例を読んでみましょう。

【事例7−1】 わたしのお水、使わないで！（3歳児）

> 　H児は、園庭の蛇口の下に砂を入れたバケツを置き、水道水を少し入れては砂をこねて遊んでいました。そこにじょうろを持ったA児がやってきて、H児の使っていた蛇口から水を入れようとしたので押し合いになり、A児はしりもちをつき、泣き出してしまいました。
>
> 　保育者がかけ寄り、「どうしたの？Hちゃんから教えてくれる？」とたずねると「水使ってたら、Aちゃんが押してきた」と言います。保育者は、「そうかぁ。Aちゃんも教えてくれる？」と尋ねると「水、入れたかったの…」とのこと。保育者は、「Hちゃんがお水を使っていて、Aちゃんも使いたかったんだね。そんな時、AちゃんはHちゃんに何て言えばいいのかな」と促すと、A児は「使わせてっていう」と応えました。保育者はその言葉を認め、「そうだね。次からはそうしよう。そしたら、Hちゃんはどうする？」と聞くと、H児はうなずくと、その場をゆずり、A児は水を汲んだ後、H児に「ありがとう」と伝えました。

　事例の保育者は、H児に一方的に注意したり指示したりするのではなく、それぞれの子どもの思いや言い分を落ち着いた態度で丁寧に聞き、代弁して、解決方法を一緒に考えています。

そうすることで、子どもは自分の思いを受け止めてもらうと同時に相手の思いに気づく経験をします。このような経験の積み重ねが、4歳以降の社会性の発達につながっていきます。

　4歳から5歳頃にかけては、相手の立場に立って考え、行動できる段階へと発達します。しかし個人差があり、保育者は注意深く見守る必要があります。この時期は連合遊びから協同遊びへと移り、3人以上での遊びが増えるため、力関係が生じて「私（僕）の方が上手！」と勝ち負けにこだわる言い方によるいざこざや、「仲間に入れてくれない」といったトラブルが多く生じます。保育者の姿勢は、双方の子どもの言い分を丁寧に聞くことが基本ですが、子どもの状況に応じ、自分たちで解決できるよう、介入せずに見守ることも大切になります。そうすることで、子ども達は話し合いを通じて自ら解決する方法を学んでいきます。

　どの年齢においても、まずその子どもの気持ちを認めることが大切です。子どもは保育者や他の子ども達に認められている信頼感を土台にして、相手の気持ちを知り、自分の気持ちを伝えることができます。一方、保育者の対応によって子どもの体験は異なってくるため、トラブル対応の後、子どもが"私（僕）は否定された"と感じていないか、注意深く見守りましょう。子どもは年長になるにつれ、保育者の対応をよく見ています。保育者は思い込みで決めつけず、温かなまなざしで落ち着いて対応することが大切です。

【ワーク7-1】

　3人一組になり、子ども役2名と保育者役1名を決めます。子ども役同士でおもちゃの取り合いをし、保育者役が気づき、仲裁する場面を演じてみましょう。終了後、①子ども役は、保育者に仲裁してもらい、どのように感じたか。②保育者役は、仲裁してみてどうだったか。以上について振り返りの話し合いを行いましょう。

　おもちゃの取り合いの様子は子どもの年齢によって異なるので、さまざまな年齢の子どもの場面を演じてみましょう。また、保育者が子どものトラブルの場面を無視したり、1人の子どもを一方的に注意したり、強く叱ったりする場面も演じてみて、子ども役がどう感じるかについても話し合ってみましょう。

【参考文献】
・谷田貝公昭・石橋哲哉監修（2018）『コンパクト版保育者養成シリーズ新版保育の心理学Ⅱ』一藝社
・塚本美知子編著（2013）『子ども理解と保育実践　子どもを知る・自分を知る』萌文書林

2. 園における保護者対応

「保護者対応」や「保護者支援」というと、モンスターペアレント、クレーマー、難しい、苦手といったマイナスのイメージを持つのではないでしょうか。まず、このような保護者に対するマイナスのイメージをプラスのイメージに変えましょう。保護者＝難しい存在というイメージを捨て、自分から保護者に園児の日常を尋ねてみるという行動をとることで、温かい感情が生まれ、表情も柔らかくなり笑顔も自然に出てきます。

【事例7－2】 自分の「思い」がお母さんの心に届く

落ち着きがなく、保育者の話を聞きたがらないB児。いつもきっかけが見つからず、なかなか保護者に話しかけられなかった保育者は、今日こそB児のことを話してみようと思い、降園時にB児の母親に、「Bちゃん、お家で園のこと何かお話しますか」と、声をかけた。

突然、声をかけられたB児の母親は、少し戸惑った様子で「何かありましたか」と、保育者に聞き返した。保育者が、「Bちゃんが私のことをどう思っているのか少し心配になって…お家で園が嫌だと言ってないかなと思って。私の関わり方がいけないかもしれないから教えていただこうと思って…」と、日頃のB児のことで感じていることを一生懸命に話してみた。すると、B児の母親から「ありがとうございます。Bのこと考えてくださって」と笑顔で返事があった。

この事例は、新任の保育者が保護者に思い切って子どものことを話した事例です。「なんて話そう」「どうやって話しかけよう」と迷いながら、勇気を出して、正直な気持ちを話してみたら、保護者にその思いが伝わりました。その後は、身構えることなくいろいろ話せるようになり、B児も少しずつ保育者の話を聞くようになってきたそうです。

この事例のように、保護者に対してマイナスのイメージを持たずに、まずは一生懸命子どもに対する「思い」を伝えることで、保護者と気持ちが通じ合い信頼関係を築くことができます。信頼関係づくりは日頃のかかわりが重要です。同じ出来事でも信頼関係のあるなしで保護者の対応は変わってきます。次の【事例7－3】を見てみましょう。

【事例7－3】 子ども同士のトラブルをうまく伝えられなかった （1歳児）

トンネル遊びをしていて、トンネルの出口で先を争い、C児はD児より先に外に出ようとしてもみ合い、C児の指先がD児に当たってしまった。D児の鳴き声に保育者が気付き、トンネルからD児を抱き上げてみると、左ほほに3センチほどのひっかき傷があった。このことを降園時に父親に話して謝罪した。その時は、父親も「しかたないね」と苦笑いをしてい

たが、次の日の朝、D 児の父親が血相を変えて、「連絡ノートに書いたあったことと、昨日の先生からの話の内容が違うんだけど、どういうことですか」と苦情があった。複数担任であったので、状況を説明した保育者とは別の保育者が連絡ノートを書いていた。3 歳未満児は複数担任であることから、連携することがとても重要であることは認識していたが、保育の煩雑さから注意を怠っていた。その日のうちに緊急ミーティングを行い、今後の対応策を出して保護者対応を行った。

　この事例は、保護者への連絡ミスから起こった苦情です。保護者からの苦情をいち早く受け止め、今後の保護者対応をどのようにしていくかについて、ミーティングを行って、今後の対応策を決めています。保護者の苦情から、信頼関係づくりのきっかけが生まれることはたくさんあります。逆に、保護者に苦手意識をもつと、信頼関係を築くことが難しくなることがよくあります。苦情があったことをきっかけにして、対話を続けることが重要です。しかし、複数の担任で、話す内容がちぐはぐになってしまったら、信頼関係をつくるどころか不信につながります。チームでの日々の連携が保護者との信頼関係づくりのカギであることを忘れてはなりません。

　保護者の立場になって不安を感じ取り、保育者の専門性を活かして「一緒に子育てしていこう」といったメッセージを送り続けることが信頼関係をつくる基礎になるでしょう。保護者と保育者が「子育てをするパートナー関係」であることは、子どもの心身の成長にも重要な役割を果たします。信頼関係ができると、相手に対して感謝の気持ちが生まれてきます。人と人が互いを認めて信頼を築くことは容易ではありません。まずは、保護者を受け入れること必要です。「苦手…」と感じても、心を伝える。思いを届けることを忘れないようにしましょう。

【ワーク 7-2】

　保育者は、A 児が保育中に汚して着替えた服を B 児の通園バッグに間違えて入れてしまいました。園児が帰宅後、A 児の保護者は、服がないことに気付き、保育者に連絡をしてきました。しかし、その時点ではA児の服は行方不明。その後、B 児の保護者が洗濯した後のA児の服を保育者のところ返しに来てくれました。

　このような時、保育者はどのように保護者対応をすればよいでしょうか。ちょっとしたミスですが、対応の仕方によってはトラブルにつながってしまう事例です。A 児と B 児の保護者の気持ちに寄り添う対応について、考えてみましょう。

【参考文献】
・永野典詞・岸本元気（2015）『保育士・幼稚園教諭のための保護者支援〜保育ソーシャルワークで学ぶ相談支援』(株)風鳴舎

3. 特別な支援を要する子どもへの対応

　園には、さまざまな家庭的背景をもつ子どもが通園しています。貧困などの家庭的な背景のある子どもや、発達障害などの特性のある子どもなど多様な子ども達がいます。ここでは、自閉スペクトラム症と診断された子どもの事例を取り上げ、特別な支援を要する子どもへの対応を考えます。

【事例7−4】自閉スペクトラム症の男の子への保育士を中心とした関係づくり（4歳児）

　O児は、4歳の男の子です。3歳児健診で、言葉の遅れ、他者への関わりの乏しさ、こだわりの強さなどを指摘され、医療機関を受診しました。その後、知的障害の伴わない自閉スペクトラム症との診断が確定しました。

　保育所でのO児の様子は、降園時の保護者のお迎えのタイミングでは、すっと親のところに行き、スムーズに帰宅することができます。クラスでは、寝そべってトーマスのおもちゃで遊ぶことが大好きで、お友達と遊ぶことはありません。他のおもちゃを本人に渡しても、数十秒遊んだかと思えば、直ぐにやめて、トーマスのおもちゃに戻ります。集団での遊びや活動場面では、みんなが集まっていても、気が付かずに参加しません。保育者が横につくと、真似るような様子はみられますが、長くは続きません。保育者としては、O児がクラスの一員として、楽しく過ごしてほしいと願っており、他の子どもとも仲良く遊べるような機会をもちたいと思っています。

　さて、みなさんは、O児への保育をどのように提供しようと考えますか。O児自身と状況を整理すると、以下の視点があげられます。クラスでは、自分の好きな遊びに没頭していること、他の子どもと関わりをもつことはほとんどないこと、集団あそびや活動には遅れて参加し、先生が横につくことで何とか短い時間参加できることです。そして、O児には、自閉スペクトラム症の診断を受けているということです。

　保育者は、O児が降園の際に保護者のところに駆け寄って自ら迎える様子を観察し、親への愛着を感じている様子を確認し、保育者自身も保育所内におけるO児の安心の拠り所となれるよう関係構築を目指しました。具体的には、O児の好きな遊びを尊重し、関わりのきっかけとしまし、大好きでこだわりの強いトーマスのおもちゃを集団行動の妨げと理解するのではなく、かかわる媒体としてとらえたのです。

　O児が集団から離れて、いつものように寝そべって遊んでいる時、その横で保育者はトーマスの別の機関車を横で押して見せました。すると、O児から、「ゴードン」と発話が聞かれました。その後、保育者は、トーマスの絵本を一緒に見ることにしました。O児は、ページをめくるごと

に指をさして、キャラクターの名称や説明を求めるような行動がみられました。このような関わりをきっかけに、保育者の促しに応じることが増えました。このタイミングで、1日の見通しを伝える視覚的なカードなどを示し、O児自身が園生活に見通しをもてるようにサポートしました。さらに、O児への関わりを通して、保育者は他のクラスの子どもへの伝え方の重要性にも気が付きました。集団遊びの場面で、他の子どもとの関わりを促す意図を込めて「Oちゃんを連れてきて」と伝えると、頼まれた子どもは一生懸命O児を引っ張ってでも連れてこようとしました。そこで、「Oちゃんに、待ってるよと伝えてきて」と伝えると、O児を無理やりつれてくるのではなく、寄り添い、待つようなクラスの子どもの姿に出会いました。保育者は、O児と他の子どもとの関わりの機会をつくるためには、自身の言動がいかに影響するかを感じました。

　特別な支援を要する子どもには、クラスの子どもと同じようにできない部分もあるかもしれません。しかし、その子の中には強みも必ずあります。保育者の視点の持ち方次第で、子どもの良さを活かした関わりになるのです。以下の4つの態度を基本姿勢として、子どもへの関わり方を考えてみてください。

－発達障害の子どもへの支援で大切にしたい「4つの態度」－

子どもの話を「聴く」
　保育者自身がしっかりと心を傾けて「聴く」ことが大切。保育者が自分の話を真剣に聴いていることを敏感に感じ取れると子どもは安心し、次第に心を開きます。

子どもを「受け入れる」
　子どもにとって最もつらいのは、「自分が受け入れられていない」と感じることです。まずは子どもの視点から考えるように心がけてください。

関心を最大に払いながら、ほうっておく
　注意したい気持ちを抑え、子どもの気になる言動を「ほうっておく」ことも大切です。できるだけ叱るのを控えてよさをほめることで、子どもの自尊心が高まります。

心の流れに添う
　子どもの気持ちを決めつけたり、性急に正しい答えを教えたりするのではなく、子どもが何を感じ、考えているのかを聞き出し、子どもの心に寄り添った対応を心がけてください。

〔出典：小田豊(2010)「一人ひとりの心に寄り添う姿勢が特別なニーズをもつ子への支援につながる」ベネッセ次世代研究所(2010)「特別なニーズをもつ子どもに寄り添う保育とは？」、p.3 から抜粋〕

【ワーク7－3】子どもの良さをいかした関わり方の具体例について、友だちと話し合ってみましょう。

4. 特別な支援を要する子どもの保護者対応

　保育所の重要な役割の一つに、保護者への支援があります。特別な支援を要する子どもの保護者は、わが子への関わりに迷い、悩んでいるかもしれません。子どもの育ちを家庭と社会の両面から支えていくためにも、保護者への支援は、保育者にとって重要な役割になります。

【事例7−5】ケースカンファレスを活用した保護者への支援

> 　E児は、5歳の女の子で、3人きょうだいの長子です。保護者は共働きで大変仕事が忙しく、E児の登園時間は早く、降園は最後の1人になることも珍しくありません。
>
> 　E児は、クラスでは保育者へのこだわりが強く、そばから離れようとしません。また、保育者の役割を真似したがり、危険なこともやろうとします。食事場面では、わざとスープをこぼす、野菜をゴミ箱に捨てるなどします。保育者が片付けようとすると、「いやだ、たべる」と言って怒り出します。E児には、姉はいませんが、「おねえちゃんがいる」といった事実ではないことを話すこともあります。
>
> 　困った保育者は、家庭の中での本人へのサポートと保育所のサポートの両輪で進めたいと考え、保護者と話し合うことにしました。保護者にE児の様子を伝えたところ、父親から「家庭に問題があるということでしょうか」と言われ、E児のことを責められていると感じられたようでした。

　この保育者は、決して保護者を責めたかったわけではありません。しかし、保護者が、保育者の意図と異なる形で受けとめてしまったのはどうしてでしょうか。このような発言の背景には、保護者自身の悩みや葛藤が隠れていることも少なくありません。保護者の立場からすれば、保育者からわが子の困った状態を直接的に伝えられたら、それを課題として受けとめてしまい、困惑したり、不安になることは想定できます。そのため、家庭と園との両輪でE児の育ちを支えるために、まずは、表7−1のような実態把握をしておくことが求められます。

　さて、保育者はE児の心理的状況などを理解したいと考え、主任保育者と園長先生に相談し、ケースカンファレンスを開くことになりました。ケースカンファレンスでは、園長、副園長、先輩保育者などからアドバイスを受ける中で、専門家による巡回指導を活用してはどうかとの提案を受け、保護者の同意を得て相談することにしました。専門家による指導助言の中で、E児が、保育者のそばにいて真似をするのは、自身が大人を真似ることで、自分の価値を確認し、大切にされたいという思いの表れであること、食事場面での反抗的な言動は注目を自分に集めたいと思う気持ちの表現の可能性があること、事実ではないことを話す姿は、本人の願望かもしれないことが指摘されました。

表7-1　実態把握の視点

	実態把握の視点
子ども	**日常の保育場面における行動観察による把握** ・生活、遊び、人間関係、言葉、等 ・長所、得意な事項、困難さがみられる事項、等 ・行動面に関する実態、等 ・身体運動、健康状況、感覚の過敏・鈍麻、等
保護者	**面談や観察による把握** ・家庭環境や状況、等 ・保護者の願い（子どもの思いも含む）、等
クラス	**観察による把握** ・クラスや特にかかわりのある子どもの状況（友達関係の把握）、等

〔出典:岩手県教育委員会(2020)「支援が必要な幼児の育ち合いを促す保育ガイド―特別支援教育園内体制づくりを通して【令和2年度改訂版】」、p.11（筆者一部改変）〕

そして、これらの行動を問題行動として捉えた保護者への伝達は、保護者を責めていると伝わる可能性があることから、伝え方について検討するように指導がありました。

　このような指導を受け、保育者は、E児の役割をクラスの中で決め、保育者と一緒に手伝いをする場面を設けました。食事については、苦手なものは量を減らし、褒める関わりを増やすことで、徐々に課題となっていた行動は減りました。ケースカンファレンスや巡回指導のアドバイスを受け、家庭での関わりを変更することを即座に求めるのではなく、園内での工夫によって得られた子ども自身の肯定的な変化を共有することから始めました。保育者が子どもの肯定的変化を保護者に伝え続けたことで、保護者は「わが子のことを理解し、受けとめようとしてくれている」と感じ、だんだんと保育者に心を開いて、わが子のことを話してくれるようになりました。このように、保育者は、保護者に対して子どもの困った状態を直接的に伝えるのではなく、まずは実態把握を行って子ども理解に努めること、そして、保護者に対しては、子どもの肯定的変化を伝えることを心がけ、信頼関係を構築することを目指しましょう。保育者と保護者とともに、子どものより良い成長を考えていこうとする体制をつくる意識をもつことが大切です。

【ワーク7-4】保護者との関係を築くために大切な保育士の姿勢と、姿勢を示すための関り方について話し合ってみましょう。

【参考文献】
・矢藤誠慈郎(2017)『保育の質を高めるチームづくり―園と保育者の成長を支える』わかば社
・七木田敦・上村眞生・岡花祈一郎編(2022)『子ども家庭支援論―子どもを中心とした支援―』教育情報出版

5. 特別な支援を要する子どもへの環境の工夫

　特別な支援を要する子どもへの環境の工夫は、個別性が高く、A 児に有効だった環境の工夫が B 児には有効ではないことが多く、保育現場でも難しい課題とも言えます。文部科学省は、通常学級に在籍する特別支援な支援を必要とする児童生徒は、小中学校で 8.8％、高校では 2.2％在籍しているとし、保育現場においては、約 2 割の在籍児がいるとも言われています。以前であれば、発達障がいの子ども達が支援の中心でしたが、最近は、愛着形成や情緒的安定に課題のある子ども、外国にルーツをもつ子ども、さらに、医療機関による診断や検査等は必要としないまでも生活のしづらさを抱えている子ども達なども多くなっている現状があります。そのような中、保育者たちは、一人ひとりの子どもに丁寧に寄り添い、子どもの最善の利益のため、日々努力をしておられるのですが「個別の対応が多く、クラスがうまくまとまらない」「一人ひとりに向き合うことの大切さは理解できるが、集団としての活動が保障できない」など、個別対応と集団活動との狭間で悩んでおられるのも事実です。そのような中、外部から巡回相談員を招いたり、関係機関の担当者に相談をしたりしますが、なかなか、まとを得た実践のヒントや手立てを得ることは難しいようです。

　これまでの支援として「自閉スペクトラム症の子どもであれば、刺激を遮断する衝立や仕切り」「ADHD の子どもであれば、可能な限り刺激を取り除き、過ごしやすい空間をつくる」などの環境への工夫が多く見受けられました。しかし、保育者の側に立てば、それらはあくまでも個別課題であって、集団活動に役立つ支援とは言い難く、平等性に欠けるという思いもありました。そこで、特別な支援を要する子どもへの環境の工夫を考えるにあたり、発想の転換が重要だと考えます。それは公平性を大切にしたボトムアップの考え方です。就学前において個別課題を十分に積み上げた子どもは、障害の種類や程度の差はありますが、人と人との関係性を大切にし、小学校以降でも自分をしっかり持って集団参加している姿が数多くみられます。先生たちの「小学校までに何とかしなくちゃ」という気持ちはよく理解できます。しかし、子どもは年長で終わりではなく、卒園後、小学校、中学校（含：支援学級）、高等学校及び特別支援学校（小学部・中学部・高等部）での学びや成長の場があることも理解しながら環境への工夫をおこなう必要があるでしょう。つまり、子どもにとって、私たち保育者も「環境」の一部であるということを強く認識し、子どもが「今、待ち望んでいる支援」を叶えることのできる存在になることも大切であると言えるでしょう。

　場面指導の練習として、以下の 3 点を意識して子どもとの時間を共有してみましょう。環境の工夫には、人的工夫と物的工夫などがあります。

特別な支援を要する子どもへの環境の工夫のポイント

1. 子どもを見てクラスを見ましょう　ークラスの基本は一人ひとりの子ども

　一般的に「豊かな森」とは、1本1本の木が「個性豊か」で「生命が満ち溢れている」総称を意味します。子どもに最適な環境を提供したいのであれば、一人ひとりの子どもの成長を促すことが近道です。例として、今、支援を必要としない子どもであっても、後々、必要となることはよくあることです。焦らず、まずは支援を必要としている子どもに目を向け寄り添うことこそ重要です。

2. 子どもをしっかり知ろう　ーアセスメントの重要さ

　支援を要する子ども達を知るにはアセスメントが重要です。そのための大切な項目として、①発達を知る、②診断（障害特性）を知る、③子どもの捉え方・感じ方（認知特性）を知る、④成育歴を知るなどが挙げられます。たとえば、肢体不自由がある子どもであれば、限りなく危険を取り除き、毎日の生活を安心して送れるような環境を作る、外国にルーツをもつ子どもであれば、自分なりの方法で相手とコミュニケーションができる環境の工夫などです。

3. 子どもの思いや願いを共感的に理解しましょう

　子どもの行動を見ていると、頭では理解しても「静かにしてほしい」、「時間を守ってほしい」、「トラブルを起こさないで欲しい」と誰しも願うものです。しかし、保育実践において、園の主人公は子どもであり、保育者ではないことも自覚し、すべての子どもが大切にされ、安心できる環境を工夫することです。

【ワーク7−5】

1. 発達障がいのある5歳児Aちゃんは、過敏性が強く給食時の偏食が強い園児です。クラスでは、食べられないメニューは無理をしなくてよいことになっていました。すると、他の園児がやってきて「Aちゃんだけ、ずるい」と訴えてきました。皆さんが担任であった場合、どのような対応が必要になるかを考えてみましょう。

2. クラスに外国にルーツをもつ園児がいます。園児は、遊んでいても、他の園児をたたいたり、唾を吐きかけたり、玩具を取り去ったりします。皆さんが担任であった場合、どのような対応が必要になるかを考えてみましょう。

【参考文献】
・文部科学省(2022)「通常の学級に在籍する特別な教育的支援を必要とする児童生徒に関する調査」

レッスン 8　公立園・私立園の採用試験に向けて

1. 園の採用試験について

　保育者になるには、園の採用試験を受験して合格する必要があります。ここでは、公立園と私立園の採用試験の流れを解説します。

　まず、公立園の保育者を目指す場合です。公立園の場合、各自治体が実施する採用試験に合格する必要があります。出願には年齢制限があり、大体 30 歳まで受験できます。採用試験の日程は、4 月中に出願〆切の場合は、5〜6 月に 1 次試験、6〜7 月に 2 次試験があります。8 月中に出願〆切の場合は、9〜10 月に 1 次試験、10〜12 月に 2 次試験があります。また、翌年の 1 月に急に募集が出る場合もあります。なお、3 次試験まで課す自治体もありますから長丁場となります。合格までの道のりは、2〜3 ヶ月間かかります。ひとまず、採用試験の受験を決めたら、4 月から、1 週間に 1 度の頻度で、こまめに出願を希望する自治体のホームページを確認し、受験日程を把握してください。出願期間は、3 週間程度のものが多く、ホームページを確認した時にはすでに期間が過ぎていたという話はよく聞きますので注意してください。

　出願方法は、各自治体のホームページから書面をダウンロードして郵送・直接持参する場合と、電子申請の場合があります。出願書類の中には、エントリーシートというものがあり、これは出願の熱意を読み取るものですので、自分の熱意が伝わるように書きましょう。エントリーシートで記入する主な内容は、①自己 PR、②学生生活にて力を入れて取り組んできたこと、③志望動機であり、各項目について 250〜400 字で記入を求められるケースが多いです。そのため、4 月の段階で、①〜③の各項目を書いておきましょう。なお、公立園の合格率は、10〜30% 程度とされ、狭き門だといえます。

　次に、私立園の保育者を目指す場合です。私立園は、宗教（カトリック、仏教など）を軸とした保育・教育方針があったり、独自の教育プログラムを導入していたりなど、園によってさまざまな特徴があります。私立園の場合、保育所実習や教育実習に行った際に、園長先生や主任の先生から、「この園で働いてみませんか？」と声を掛けられて、そのまま就職につながるケースがあります。そのため、実習先が就職先となり得ると考えて、実習先はよく考えて選びましょう。採用試験では、実習中のあなたの人柄や子どもと関わる様子を見て声を掛けてくださっているので、その点では、少し緊張が和らぐ中で試験を受けることができると思います。また、最近では、特に私立保育所の人材が不足しており、募集に力を入れておられる園も多いです。このような園では、給与面の待遇もかなり充実してきています。

2. 公立園・私立園における採用試験の実際

　ここでは、公立園と私立園の試験の実際についてお伝えします。まず、公立園の場合です。新型コロナウイルスの影響により、書類審査の時点で、自己PRを動画で撮影してデータを送信するなどの対応が増えてきました。書類審査を通過すると、次は1次試験です。1次試験は、筆記試験であり、主に教養試験（文章理解、数的推理、時事問題など）、専門試験（教育原理、保育内容、社会福祉など）、適性検査（性格検査など）、論作文などが出題されます。最近では、SPIやSCOAを取り入れる自治体が多いです。SPI試験の場合、1週間から10日の間にテストセンターに出向いて受験します。次に、2次試験です。試験内容は、個人面接、集団面接、ピアノ演奏、ピアノの弾き歌い、絵画製作、場面指導、模擬保育、その他の表現あそびなど多岐にわたります。2次試験が始まる10日前から2週間前には試験要項の書類が自宅に届き、そこには、実技試験の詳細が書かれており、楽譜も入っています。試験当日は、指定された持ち物以外は使用できませんので、注意が必要です。たとえば、「8色のクレヨンを持参してください」と書かれているのに、「8色の水性ペン」を持参した者がいました。こうした勘違いは起こり得ると想定し、事前準備をしっかりと行い、前日も書類と持ち物の確認を必ずしてください。なお、2次試験では、ほとんどの場合、ピアノ演奏とピアノの弾き歌いが課されます。ピアノ演奏が得意であれば問題はありませんが、苦手意識を持っている人は、楽譜が届いてから2週間で仕上げて弾くことは困難ですから、普段からピアノ練習をすることに意識を向けておくことが求められます。また、初見で童謡を弾くという課題も課される場合があります。その場合、1分間で楽譜を確認し、1分間で練習、本番は3分間で弾くというような流れです。次のページに、実際に公務員採用試験（保育士、幼稚園教諭）で出題された問題を掲載しておきますので、試験対策にて使用してください。

　次に、私立園の場合です。私立園の場合、園に履歴書を郵送するか、直接持参して採用試験の手続きを進めます。実習でお世話になったことのある園を受験する場合、すでに園側は人柄や保育技術についてご存じであるため、試験は意思確認の面接のみで終わることが多いです。初めて訪れる園を受験する場合は、求人票だけでは園の雰囲気がわかりませんので、必ず受験前に見学に行きましょう。1次試験は、公務員試験のようなSPIといった筆記試験ではなく、面接や論作文が主流です。特に、私立園の採用試験では、園の理念や取り組みをきちんと理解してるかについて質問されますので、園が大切にしていることを、園長先生からよく聞き取っておきましょう。最後に、公立園も私立園も、人柄が最も重視されますから、元気に明るくはきはきと受け答えをするように心がけましょう。

表8−1　公務員採用試験（保育士、幼稚園教諭）の2次試験の例

	質問内容
個人面接 20分程度 面接官:3-5人 質問数:6-7個 集団面接 30-45分程度 受験生:3-5人 面接官:3-5人 質問数:4-5個	**1. 自分自身に関すること** ・志望動機 　ーなぜ、生まれ育った〇〇市ではなく、本市を受験しようと思ったのか 　ーなぜ、公務員を志望したのか、その中で、なぜ保育士なのか 　ーいつ、本市を受験することにしたのか ・部活動・サークル活動、課外活動の経験から学んだこと 　ー意見や考えが異なったり、ぶつかったりした時どうやって課題を解決しようと行動したか 　ー大会に出た経験があるなら取得した賞など 　ー部活動での一番の思い出 　ー部活動は何人ぐらいのメンバーがいるのか、その中でのあなたの役割 　ーメンバーの意見が違う時、どのようにしてまとめたか 　ー部活動等の経験を、保育にどのように活かせるのか ・大学生活の中で学んだこと 　ーどんな経験をし、どのように行動したのか、役割やそこから学んだこと 　ー個人でも複数人でもいいので、課題解決に取り組んだこと ・自己PR 　ーセールスポイントを踏まえて、1分間で自己PR 　ーあなたを採用した時のメリットを1分間で話す 　ー自分の強みを〇〇市でどのように生かすか 　ー今まで頑張ったこと、今も頑張っていること 　ー保育者になった際、今までの経験をどのように活かせるかを1分間で話す **【性格や考え方】** ・2分で自己紹介 ・友人から見て、あなたの長所と短所は何だと思うか ・短所の不安はどう解消しているか ・短所と書いた内容は、なぜそれを短所と思ったのか ・物事が上手くいかなかった時などに感情を表に出しやすいタイプか ・あなたのストレス解消法について ・自分から意見を言う方か・聞く方か、その理由 ・集団活動は得意か、集団での立ち位置（まとめ役 or 活動役） ・職場に自分の苦手なタイプがいると想定し、その人と、どのように関わるか ・園長の意見は何でも素直に受け入れるか ・上司に相談することについてはどう思うか ・アルバイトをする中で、無理難題をいうお客さんに対し、どう対応するか ・組織の中の人間関係で大切にしたいこと ・慣れない環境に身を置いた時、まずは、どのような事に取り組むか ・今、何か意識して取り組んでいることはあるか ・最近読んだ本と著者名、内容、良かったところ3点 ・社会人として働く際、どのようなことが大切になると思うか ・大学の授業・実習やアルバイトでの実践の違いとは何か ・コロナが子どもに与えた影響について、どのように考えているか ・担任として取り組みたいことは何か **【保育所実習、教育実習について】** ・実習で学んだこと、苦労したこと ・実習で「子どもが可愛い」と思ったエピソード、それは何歳児だったか ・実習中、子どもとの関わりの中で戸惑ったことや困ったこと ・自分が考えた設定保育をしてみて、難しかったこと、失敗したこと、そこからどう課題解決しようとしたか **【勤務について】** ・幼稚園か保育所かどちらで勤務したいか ・子育て支援センターで働くこともあるが大丈夫か ・災害が増えてきているが、もし災害が起きた時、深夜などでも出向けるか

	【その他】 ・併願状況 ・〇〇市までの通勤手段 ・朝起きてから、面接までの行動について ・〇〇市は、どのような点で子育て支援が充実しているといえるのか ・〇〇市の良いところ、改善点、施策について、どう思うか ・〇〇市の事業に携わった経験の有無と携わった場合、何をしたか ・〇〇市の受動喫煙の取り組みについてどう思うか ・「人権」とは何か ・小学校教諭の免許状取得予定なのに、なぜ、ならないのか ・実技試験のピアノ曲、素話を選んだ理由と工夫した点について ・不合格となった〇〇市の試験は、なぜだめだったと思うか ・あなたの保育者以外の夢（非現実でも良い）について **2. 保育全般に関すること** 【保育に対する考え方など】 ・保育者を目指そうと思ったきっかけ ・保育者として大切にしたいことを3つ ・あなたの理想の保育像 ・保育者になった際、目指してよかったなと思えると思うか ・子どもは好きか、その理由 ・どのような食育の活動がしてみたいか ・弁当と給食、どちらがいいと思うか ・保育現場で「しつけ」をどうしていくべきかどうか ・ADHD特性のあるお子さんと、どのようにかかわるか ・最近の保育や子どもに関する気になるニュースを取り上げ、理由・意見をいう ・男性保育士の役割について、どのように考えるか 【保育の知識に関すること】 ・私立園と公立園の違いについて ・「環境を通して行う教育」について ・環境構成についてどう考えているか ・保育内容「言葉」の領域で、大切にしたいことは何か ・地域とのつながりを大切にした保育とは、具体的に何か ・何人までなら小規模保育だと考えているのか 【子どもへの対応】 ・子どもの前に立つときに大切にしたいこと ・友達の輪の中に入れない子どもへの対応 ・子どもに「思いやり」を教えるために、具体的にどうするか ・子どもに痣があったら、どう対応するか ・けがをした子どもへの対応とその後の対応 【保護者対応】 ・我が子の言葉の発達に関し、不安を抱えた保護者に対し、どう対応するか ・一度信頼を失った保護者がいると仮定し、どう対応するか ・保護者に大切なプリントを渡し忘れた時、どう対応するか ・保護者からのクレームに対し、どう対応・解決していくか
集団討議 30-45分程度 受験生:6人程度 面接官:3-5人	・保護者が安心して預けられる保育所とは ・若者が戻ってくる市にするための施策を考える ・〇〇市の人事担当者になったと仮定し、どのような人材を採用すべきか ・〇〇市で住みたいと思われるようなまちにするため、今後どのような取り組みが必要か ・「歩きスマホ禁止条例」の制定の是非について ・地域社会や職場等でのつながりや絆が失われ、問題を抱え孤立する人が多く存在する 　現状が報道等で指摘されている。個人が孤立することなく、社会と絆を保ち続けるには 　どのような取り組みが必要か ・少子高齢化が自治体にもたらす影響を列挙し、優先順位を明確にしながら、自治体・企業・ 　家庭などそれぞれが取り組むべき課題について

	・文部科学省から子どもの体力の低下について示されている。その原因について考え、特に保育所において実践すべき活動についてグループで話し、まとめよ ・生涯にわたる生きる力の基礎が培われる乳幼児期において、特に特定の大人との応答的な関わりを通じて情緒的な絆が形成される乳児期における保育は大変重要である。乳児保育で気をつけなければならないことと大切にしなければならないことは何か ・所外保育（遠足）の意義やねらいと、所外保育（遠足）における保育所ができる児童の安全対策について ・保護者にしつけと虐待のちがいについて説明する時、どのような配慮をしながら、どのように伝えるか ・全ての人の人権が尊重される社会の実現のために、行政に期待される役割とは何か
グループ ワーク 30-45 分程度 受験生：6-12 人 面接官：3-5 人	・「〇〇村の再生プロジェクト」をテーマとし、〇〇村を活性化するための広報案とプロジェクト案を、5〜6 人・1 グループ、40 分間で模造紙にまとめて発表せよ（〇〇村の情報カード 13 枚と、社会問題に関する表とグラフが用意されている） ・あなたの海外の友人が〇〇市に来たとき、どんな計画を立て、どんな最高のおもてなしをするかについて、プランを立て、提案せよ（〈条件〉1 泊 2 日であること、友人の人数は 3 人で、国籍は問わない、場所は〇〇市内を原則とする） ・〇〇市をPRする 30 秒のテレビコマーシャルを作成することになった。あなたは〇〇市の広報担当として、市の魅力を最大限PRできるテレビコマーシャルを考えなければなりません。PRしたい事柄を明確にした上で、テレビコマーシャルの案を作成せよ
ピアノ演奏	・バイエル、ブルグミュラー、ソナチネ、ソナタの中から 1 曲選択する ・バイエル 88 番を弾く ・バイエル 90 番を弾く ・バイエル 92 番か 94 番を 3 分間弾く ・「さんぽ」を弾く ・「おばけなんてないさ」「とんぼのめがね」「もりのくまさん」の中から、当日、試験官に指定された曲を弾く ・「ありさんのおはなし」「とけいのうた」「ふしぎなポケット」の中から、当日、試験官に指定された曲を弾く ・初見で、童謡「ゆき」（1 番のみ）を弾く ・初見で、童謡「こおろぎ」か「はるがきた」のどちらかを選択して弾く ・「とけいのうた」を暗譜して弾き、導入も含めて 3 分間で行う
弾き歌い	・「どんぐりころころ」「しゃぼん玉」「そうだったらいいのにな」「とけいのうた」「おもちゃのチャチャチャ」から、試験官に指定された曲を弾き歌いする ・「とんぼのめがね」「ふしぎなぽけっと」「バスごっこ」「とけいのうた」から、試験官に指定された曲を弾き歌いする ・「大きな古時計」「おかあさん」「山の音楽家」から自分で 1 曲選択し、弾き歌いする ・5 歳児を対象とし、秋に歌う曲を自由に選択して弾き歌いする ・「せかいじゅうのこどもたちが」「どんぐり」から、試験官に指定された曲を弾き歌いする ・「にじ」「大きな古時計」「世界中の子ども達が」から、試験官に指定された曲を弾き歌いする ・「アイアイ」「おもちゃのチャチャチャ」「森のくまさん」の 3 曲から 1 曲が指定され、初見で弾き歌いする
絵本の 読み聞かせ	・1 分間で 3 冊の昔話の絵本から 1 冊を選び、読み聞かせを行う ・試験官から、その場で年齢と保育の設定を伝えられ、机の上に置いてある 5 冊の絵本の中から 1 冊を選び、導入を 2 分程度行い、読み聞かせを行う ・2 冊の絵本から 1 冊を選び、導入を 2 分間、読み聞かせを 3 分間で行う（対象年齢や保育設定は自由に自分で 5 分以内に考える） ・2 歳児、15 名のクラスにおいて、子どもの遊びにつながる絵本を選んで読む（絵本の選定理由は、絵本の読み聞かせが終わった後に試験官から尋ねられる）
絵画製作	・「七夕かざり」を 40 分間で製作する（模造紙や画用紙、廃材、色紙、色ペン等が用意されている） ・「創作絵本」を60 分間で製作する（画用紙や折り紙は用意されており、クレヨン、ペン、鉛筆、のり、はさみは持参する） ・「壁面」を 50 分で製作する（好きな季節を自分で選択し、折り紙や白紙、カラーペン、色鉛筆、のり、はさみ、鉛筆、ネームペン、テープが用意されている）

	・用意された画用紙に自分の顔を40分間で描く(描いた後で、それを用いて自己PRを3分間で行う。画用紙は用意されているが、16色のクレヨンかペンは持参する)
その他の実技	【運動遊び】 ・乳児の人形をもち、指定された運動遊びを行う ・ボールを1つ手渡され、5歳児を対象としたボール遊びの指導を行う ・3歳児を対象とし、用意された用具を1つ以上使って、スキップや柔軟な動きを取り入れて実演する(準備・実演・片付けを含めて3分以内で行う) 【身体表現】 ・流される音楽に合わせて、その曲のイメージを全身で表現する(曲を2回聴く時間がある) ・まず、指定された場所にて、スキップを2周する。その後、流れる音楽に合わせて、リズミカルに自由にステップを踏みながら踊る ・「いぬのおまわりさん」の童謡の楽譜を当日に渡され、4歳児・20名がいると仮定し、身体表現活動を行いました。考える時間(1分間)／発表する時間(1分間) 【言語表現】 ・3歳児、15名クラスを対象とし、「おおきなかぶ」「にんじん、ごぼう、だいこん」「三びきのこぶた」から1つを選び、3分間で素話をする ・5歳児、20名クラスと設定し、「三びきのやぎのがらがらどん」「三びきの子ぶたの交通安全」「おおきなかぶ」の3つから1つを選び、エプロンシアターで5分間演じる(準備3分・導入2分・実演5分で行う) ・5歳児に向けて新学期の挨拶を2分間で話し、挨拶を終えた後、その内容を話した理由を1分間で答える ・4～5歳児、40名が目の前にいると想定し、おいもほりに出かける前の挨拶を3分間で行う ・3歳児を対象とし、「おべんとうバス」(真珠まりこ)の世界を子ども達が楽しめるように3分間で実演する(補助教材は自分で作ったものは使用可、絵本は持ち込み不可)
場面指導	・3歳児、初めての身体測定。5歳児が3歳児の服を脱ぐ手伝いをしようとするが泣いて脱ごうとしない。保育者として、3歳児と5歳児との関わり方と3歳児の保護者への対応をする。 ・鬼ごっこをしている時、鬼役の子が突然やめると言い出した。説得しようとしてもやめると言って聞かない場合、どうするか。 ・子ども達と砂場で遊ぶ時間。1人の子どもが、遊んでいる他の子ども達を見ている。遊びに加わろうとはせず、何もしない。保育者として、どのように対応するか。 ・1人担任・4歳児・30名クラス。A児だけが園庭で走り回っており、部屋になかなか帰ってこない。その時、A児と部屋にいる29人への対応をどうするか。 ・喧嘩で深いひっかき傷ができた。その際、子ども達への対応について考える。 ・コミュニケーションをとることが難しい保護者や子どもに対し、どう関わるか。
論作文	・保育者として求められる資質・能力とは何か(60分、800字) ・「チーム保育」にて大切なこととは何か(60分、800字) ・子どもをめぐる諸問題について、考えを述べよ(45分、600字) ・「幼児期の終わりまでに育てたい10の姿」のうち、豊かな感性と表現について、それらが育つのはどのような場面か。また、そのために保育者はどのような関わりをし、どのような環境を構成すればよいか(60分、1000字) ・子育てにおける家庭と園とのそれぞれの役割について、考えを述べよ(60分、800字) ・子ども一人ひとりの状況や成長に応じた保育を行う上で大切なことは何か(60分、800字) ・地域の中の園であるために、保育者がすべきことは何か(60分、800字) ・幼児虐待を防止するためには、地域、家庭、自治体のそれぞれがどのような役割を果たすべきか(60分、800字) ・事例(演劇部の部長が、部活動のさまざまな問題に直面する)についての原因を300字で、改善策を400字で述べよ(60分、700字) ・ワーク・ライフ・バランスを実現させるためには、どのようなことを心がければ良いか(60分、800字) ・あなたが考える〇〇市の特徴的な施策を1つ取り上げ、どのような点が特徴的であるかを具体的に述べよ(60分、1000字) ・あなたの考える「理想の公務員像」とは(60分、1200字)

【事例8－1】 公務員採用試験のエントリーシート

---

1. 自由に、自己紹介をしてください。

※A4・1 枚の紙に、自由に自己紹介を記入します。書面に書かれている指示は、「自由に自己紹介をしてくだ
さい」のみです。「自由に」と書かれていますから、文字だけでなく、写真を貼ったり、イラストを描くなど工夫し
て表現してください。

【事例8−2】公務員採用試験のエントリーシート

・記入に際しては、ボールペンで枠内に書いてください。
・このシートは、面接試験の際にも参考として用いられるものです。

1. 自己紹介をしてください。(240字)

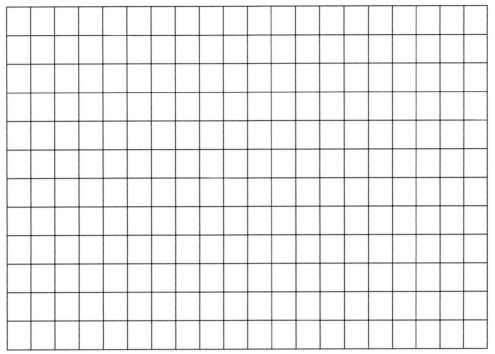

2. あなた自身について、自己アピールをしてください。(240字)

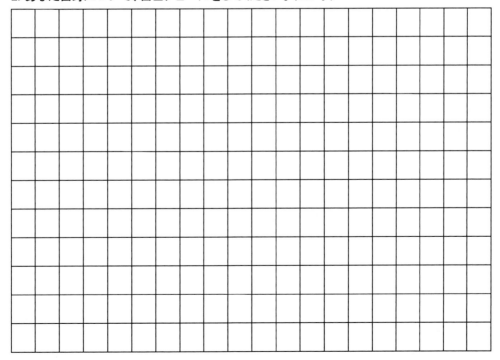

【編著者（所属）：執筆分担】

岡野　聡子（奈良学園大学人間教育学部　准教授）

はじめに、レッスン 3-4、3-5、3-6、レッスン 4-6、レッスン 5-4、レッスン 6-1、レッスン 8

【執筆者（所属）：執筆分担】

小久保　圭一郎（倉敷市立短期大学　教授）：レッスン 1-1、1-2

高岡　昌子（奈良学園大学人間教育学部　教授）：レッスン 1-3

中島　緑（清和大学短期大学部　専任講師）：レッスン 2-1、2-2

林　悠子（奈良学園大学人間教育学部　准教授）：レッスン 2-3、2-4

浅見　優哉（帝京平成大学人文社会学部　講師）：レッスン 2-5、2-6、2-7

木戸　直美（静岡福祉大学子ども学部　講師）：レッスン 2-8

谷原　舞（大阪信愛学院大学教育学部　専任講師）：レッスン 3-1

中島　眞吾（中部大学現代教育学部　専任講師）：レッスン 3-2

野見山　直子（彰栄保育福祉専門学校　専任講師）：レッスン 3-3

藤井　伊津子（吉備国際大学社会科学部　講師）：レッスン 3-6（手あそびリスト）

田中　卓也（育英大学教育学部　教授）：レッスン 3-7、3-8、3-9

小川　知晶（川崎医療福祉大学医療福祉学部　講師）：レッスン 3-10

田中　路（東京純心大学現代文化学部　講師）：レッスン 4-1、4-2、4-3、4-4、4-5

安氏　洋子（長野県立大学健康発達学部　准教授）：レッスン 4-7、4-8

南川　咲希（畿央大学教育学部　非常勤講師）：レッスン 4-9

森瀬　智子（奈良学園大学人間教育学部　准教授）：レッスン 4-10

佐藤　寛子（静岡産業大学経営学部　准教授）：レッスン 5-1、5-2、5-3

間井谷　容代（奈良学園大学人間教育学部　講師）：レッスン 5-5、5-6、5-7、5-8

木本　有香（東海学園大学教育学部　准教授）：レッスン 5-9、5-22

北澤　明子（秋草学園短期大学　准教授）：レッスン 5-10、5-11、5-12

石原　由貴子（奈良学園大学人間教育学部　講師）：レッスン 5-13、5-14、5-15、5-16、5-17

筧　有子（浜松学院大学現代コミュニケーション学部　准教授）：レッスン 5-18、5-19、5-20、5-21

平松　茂（環太平洋大学次世代教育学部　特任教授）：レッスン 6-2、6-3、6-4、6-5

山梨　有子（彰栄保育福祉専門学校　専任講師）：レッスン 6-6、6-7

高橋　千香子（奈良学園大学人間教育学部　准教授）：レッスン 7-1

小島　千恵子（元名古屋短期大学　教授、一般社団法人愛知県現任保育士研修運営協議会

　　　　　事務局長）：レッスン 7-2

小田桐　早苗（川崎医療福祉大学医療福祉学部　講師）：　レッスン 7-3、7-4

松村　齋（椙山女学園大学教育学部　准教授）：　レッスン 7-5

（執筆順）

【編著者略歴】

岡野 聡子（おかの さとこ）

兵庫教育大学大学院学校教育研究科人間発達教育専攻修了（学校教育学修士）。
専門は、幼児教育、地域福祉（子育て支援）、キャリア教育である。
主な著書に『MINERVA はじめて学ぶ保育⑫子育て支援』（共著、2018、ミネルヴァ書房）、
『子どもの生活理解と環境づくり』（共著、2019、ふくろう出版）、
『増進型地域福祉への展開』（共著、2022、同時代社）などがある。

現場で役立つ保育実技
運動・ことば・音楽・造形あそびからSTEAM教育を
取り入れた保育実践まで

2023 年 9 月 1 日　初版発行

編 著 者　　岡野　聡子

発　　行　　ふくろう出版
　　　　　　〒700-0035　岡山市北区高柳西町 1-23
　　　　　　　　　　　　友野印刷ビル
　　　　　　TEL：086-255-2181
　　　　　　FAX：086-255-6324
　　　　　　http://www.296.jp
　　　　　　e-mail：info@296.jp
　　　　　　振替　01310-8-95147

印刷・製本　　友野印刷株式会社
ISBN978-4-86186-884-9　C3037　©2023
定価は表紙に表示してあります。乱丁・落丁はお取り替えいたします。